Das SCHOPENHAUER EinLeseBuch

Das Schopenhauer EinLeseBuch

Ein ABC für die Jetztzeit
aus dem handschriftlichen Nachlaß,
nebst einem Anhang, der die Kritik der
korrupten Vernunft enthält.

Herausgegeben
von
GERD HAFFMANS

HAFFMANS VERLAG
BEI ZWEITAUSENDEINS

Die Zitate stammen alle aus Schopenhauers Nachlaß, und sind mit Band und Seitenzahl nach der Edition von Arthur Hübscher, Verlag Dr. Waldemar Kramer, Frankfurt 1966–1975, nachgewiesen.

1. Auflage, Herbst 2006

Umschlagbild von Ludwig Sigismund Ruhl, 1815.
Gestaltung, Satz & Produktion von Urs Jakob,
Werkstatt im Grünen Winkel, CH-8400 Winterthur.
Druck & Bindung: Offizin Andersen Nexö, Leipzig.
Printed in Germany.

Dieses Buch gibt es nur bei Zweitausendeins im Versand, Postfach, D-60381 Frankfurt am Main, Telefon 069-420 8000, Fax 069-415 003, Internet www.Zweitausendeins.de, E-Mail: info@Zweitausendeins.de. Oder in den Zweitausendeins-Läden in Berlin, Düsseldorf, Frankfurt am Main, Freiburg, 2 x in Hamburg, in Hannover, Köln, Mannheim, München, Nürnberg und Stuttgart.

In der Schweiz über buch 2000, Postfach 89, CH-8910 Affoltern a. A.

ISBN-10: 3-86150-577-0
ISBN-13: 978-3-86150-577-8

»Kommt es erst dahin, daß die Leute irgendein Buch von mir aufmachen und hineinsehn, so habe ich gewonnenes Spiel.«

Arthur Schopenhauer

Absolutum Der Wille zum Leben ist das einzige ABSOLUTE: denn er allein, das Lebenwollen, Daseynwollen, in allen Wesen, steht schlechthin fest, versteht sich von selbst und bedarf nicht, wie alles andre, welches eben deshalb RELATIV ist, der Gründe und Motive: diese würden auch nicht zu finden seyn; da (wie oft gesagt) das Leben ein Geschäft ist, welches die Kosten bei weitem nicht deckt. [IV/1, 31]

Absurd Daß das Absurde recht eigentlich die Welt erfülle, dem ist PARADOXIE an einem Werke immer ein günstiges, wenn gleich keineswegs ein entscheidendes Symptom. [I, 323]

Ärger Von 10 Dingen, die uns ärgern, würden 9 es nicht vermögen, wenn wir sie recht gründlich aus ihren Ursachen verständen und daher ihre Nothwendigkeit oder ihre wahre Beschaffenheit einsähen: und dies würden wir viel öfter, wenn wir sie früher zum Gegenstand der Ueberlegung als des Verdrusses machten. [IV/1, 25]

Ästhetik Dichtung und Mahlerei stellen das ganze Leben mit durchaus Allem was darin vorkommt dar, treu und mit tiefem objektivem Blick, selbst das Unmoralische und das Häßliche (nur nicht das Ekelhafte): das geschieht aber eben weil Dichter und Mahler das ganze Geheimniß der Welt erkannt haben und es eben nur wiederhohlen in den aus dieser Welt selbst genommnen Bildern und durch diese geordnete und zusammengedrängte Wiederhohlung es OFFENBAREN: da muß denn neben dem Ausdruck des Ewigen, des Bessern Bewußtseins, auch das Nichtige, und das ganz Verdammte, (*Shakesspeares* Schranzen, und *Richard* III.; neben dem gekreuzigten Heiland der wüthende boshafte Pharisäer u. s. w.) hingestellt werden, nicht sowohl zum Kontrast, als weil sie mit in diese Welt gehören und eben das repräsentiren wodurch diese Welt der Nichtigkeit GEWORDEN ist, das was nicht seyn sollte.

[I, 46]

Akademiker Der simple, eigentliche Gelehrte, z. B. der Göttinger Prof: ord:, sieht den denkenden und originellen Kopf an, etwa wie wir den Hasen, der erst NACH SEINEM TODE genießbar und der Zurichtung fähig ist; auf den man aber solange er LEBT, bloß schießen muß. [III, 17]

Alltag Tausend heitre angenehme Stunden lassen wir, mit verdrießlichem Gesicht, ungenossen an uns vorübergehn: aber wenn die schlimmen Stunden gekommen sind, blicken wir mit vergeblicher Sehnsucht nach jenen zurück. [III, 175]

Altphilologie Kein größrer Kontrast, als der der Gelehrsamkeit des Kommentators und der kindlichen Naivität der Alten. [III, 90]

Anfang Zum Ausgangspunkt, welcher der Erklärungsgrund alles Uebrigen werden soll, muß man das nehmen, was schlechterdings nicht weiter zu erklären, aber eben so wenig zu bezweifeln ist, das seinem Daseyn nach Gewisse, aber Unerklärliche. Dies ist DER WILLE ZUM LEBEN: und von welcher Seite man ihn betrachtet, bethätigt er sich als solches. So sehn wir nicht selten Menschen die alle Leiden des Alters, der Armuth und der Krankheit vereint tragen, deren Existenz daher ein dauernder Jammer ist: und doch sind sie ängstlich besorgt um ihr Leben, beten um Verlängerung desselben u. s. w.; wie könnte das seyn, wenn nicht eben das innre Wesen des Menschen und aller Dinge bloßer WILLE ZUM LEBEN, blinder Drang zum Daseyn wäre, etwas dessen sämmtliche wesentliche Prädikate dies Eine sind, daß er leben will. Nimmt man irgend etwas anderes zum Ausgangspunkt, so hat man diesen blinden Hang zum Leben daraus abzuleiten: und das wird nie gehn.

[III, 243]

Anschaulichkeit Habt ihr mir Anschaulichkeit zugesprochen, so habt ihr mir alles zuerkannt. [III, 201]

Arbeit Thätigkeit, etwas Treiben, oder nur Lernen ist zum Glück des Menschen nothwendig. Er will seine Kräfte in Thätigkeit setzen und den Erfolg dieser Thätigkeit irgendwie wahrnehmen. (Vielleicht weil es ihm dafür bürgt, daß seine Bedürfnisse durch seine Kräfte gedeckt werden können.) – Darum fühlt man sich auf langen Vergnügungsreisen dann und wann sehr unglücklich. – Sich zu mühen und mit Widerstand zu kämpfen ist das wesentlichste Bedürfniß der menschlichen Natur: der Stillstand, der allgenugsam wäre im ruhigen Genuß, ist ihm etwas Unmögliches: Hindernisse überwinden ist der vollste Genuß seines Daseyns: es giebt für ihn nichts

Besseres. Diese Hindernisse mögen nun materieller Art seyn, wie beim Handeln und Treiben, oder geistiger Art, wie beim Lernen und Forschen: der Kampf mit ihnen und der Sieg über sie ist der Vollgenuß seines Daseyns. Fehlt ihm die Gelegenheit dazu, so macht er sie wie er kann: unbewußt treibt ihn dann seine Natur entweder Händel zu suchen, oder Intriguen anzuspinnen, oder Gaunereien und sonst Schlechtigkeiten: nach Umständen. [I, 127]

Arbeitszeitverkürzung Die Arbeit, Noth, Mühe des Lebens sind Vorhänge welche uns sonst jene Leere verbergen: wir strengen uns unablässig an um solche wegzuschaffen, überzeugt, dahinter stecke das Eldorado und sie nur seyen uns im Wege. Sind sie weggeschafft so zeigt sich uns die Basis des Lebens, der dürre Sand auf dem alles ruht, die unverhüllte Leere, das Nichts ohne weitre Entschuldigung. Wir gleichen dem Affen der nach zwanzig abgewickelten Papieren einen Stein gefunden hat. Nun schaffen wir, nach Wegräumung der ursprünglichen, neue künstliche Vorhänge an, drappiren sie so perplex als möglich, daß man immer viel Beschäftigung finde ehe man zum Leeren durchdringe: mit diesen Vorhängen meine ich die Belustigungen, und Zerstreuungen aller und jeder Art. Aber sie sind eine dürftige Hülle: wer sie braucht weiß schon daß dahinter so wenig als davor steckt; die Leere schimmert immer durch. [I, 73]

Aristokratie Vielleicht wäre es kein übles Thema für einen Maler, einmal den Kontrast der natürlichen und menschlichen Aristokratie darzustellen, etwa einen

Fürsten mit allen Abzeichen seines Vorzuges und einer Physiognomie vom allerletzten Range, in irgend einem Zwiesprach oder Verflechtung mit einer Physiognomie, die die größte geistige Ueberlegenheit sichtbar machte, aber in Lumpen gehüllt. [IV/1, 3]

Armut UNWISSENHEIT degradirt den Menschen erst dann, wann sie mit Reichthum vergesellschaftet ist. Den Armen bändigt seine Arbeit und Noth: seine Leistungen ersetzen sein Wissen und beschäftigen seine Gedanken. Nur Reiche, die unwissend sind, leben bloß ihren Lüsten und sind wie das Vieh; wie man dies täglich sehn kann. Zugleich ist es ein Vorwurf, daß man Reichthum und Muße nicht benutzt hat zu dem was ihnen den größten Werth giebt. Den Armen trifft der Vorwurf nicht. [III, 401]

Astronomie DIE ASTRONOMEN thun oft sehr vornehm, sprechen von ihrer allererhabensten Wissenschaft u. dgl. m. Plato hat sich darüber erklärt, daß das Erhabne nicht grade heiße, was NACH OBEN zu liegt, und weist in diesem Sinn die Astronomie zurecht.

Hieher gehört auch die abgöttische Verehrung NEUTONS, die besonders in England allen Glauben übersteigt, sich darauf gründet, daß sie sein Verdienst schätzen nach der Größe der Massen von deren Bewegung er die Gesetze und die darin wirkende Naturkraft entdeckt hat: denn sonst sehe ich nicht, warum er mehr verehrt wird als Jeder, der gegebene Wirkungen zurückführt auf die Aeußerung einer bestimmten Naturkraft: daher z. B. *Lavoisier* wenigstens so hoch zu schätzen ist als *Newton*.

Vom Standpunkt der Philosophie aus könnte man sie Leuten vergleichen, die der Aufführung einer großen Oper beiwohnten, aber, ohne sich durch Musik und Inhalt zerstreuen zu lassen, bloß Acht hätten auf die Maschinerie der Dekorationen und glücklich genug wären, das Getriebe und Zusammenhang derselben vollkommen herauszubringen. [III, 89]

Atheismus Was für eine schlaue Erschleichung und hinterlistige Insinuation in dem Wort ATHEISMUS liegt! – als verstände der THEISMUS sich von selbst. [IV/1, 2]

Wenn ein Gott diese Welt gemacht hat, so möchte ich nicht der Gott seyn: ihr Jammer würde mir das Herz zerreißen. [III, 57]

Aufklärung Man hat GOTT nach und nach, besonders in der scholastischen Periode und später, angekleidet mit allerhand Qualitäten: die Aufklärung aber hat genöthigt ihn wieder auszukleiden, ein Stück nach dem andern, und man zöge ihn gern ganz aus, wenn nicht der Skrupel wäre es möchte sich dann ergeben, daß blos Kleider wären und nichts drin. [I, 41]

Autobiographie Jedes Einzelne, wenn es nur recht betrachtet wird, vertritt seine Gattung. Unter allen Gegenständen ist keiner so sehr uns zur Betrachtung nahe gelegt, als unser eigner Lebenslauf. Daher ist es wohlgethan, ja ganz nothwendig, sein eignes Leben, soweit es abgethan in der Vergangenheit vorliegt, häufig zu überdenken, jeden Theil desselben von allen Seiten zu betrachten, nicht nur jede Begebenheit, sondern auch jede Stimmung und Ansicht die man dabei gehabt, zurückzurufen, längst abgethane Vorgänge nun mit ganz andern Augen wieder zu betrachten, das Urtheil der Vergangenheit mit dem der Gegenwart zu vergleichen, den Vorsatz und das Streben mit dem Erfolg und der Befriedigung. Das ist das Repetiren des Privatissimum's als welches jedes individuelle Leben zu betrachten ist. Nur durch solche Rumination seiner Vergangenheit wird man aus seinem Leben allen Gehalt so ganz ausziehn wie die Berghütte den aus den Erz-Stufen zieht, und dann wird uns das eigne Leben das Wesen alles Lebens verstehn lehren, die Gattung vertretend. [III, 94]

Barmherzigkeit Der ist der Klügste, welcher keine Barmherzigkeit übt, weil er weiß, daß ihm keine widerfährt. [III, 205]

Bedürfnisanstalten Kirchen und Tempel in allen Ländern, aus allen Zeiten, in Pracht und Größe, zeugen vom metaphysischen Bedürfniß des Menschen. [III, 161]

Belletristik Jeder Roman ist ein bloßes Kapitel aus der Pathologie des Geistes. [I, 25]

Bescheidenheit Die BESCHEIDENHEIT EINES GROSSEN GEISTES ist eine *contradictio in adjecto*: ein solcher müßte danach den Meinungen und Ansichten, der Art und Manier Andrer, und zwar einer ungeheuren Anzahl Andrer, Werth und Gültigkeit einräumen, und seine sehr abweichenden Gedanken und Ansichten nach jenen modificiren oder sie unterdrücken: dann brächte er eben auch hervor was die Andern. Das Große, Wahre und Außerordentliche kann er nur hervorbringen indem er die Art und Weise, die Gedanken und Ansichten seiner Zeitgenossen durchaus für nichts achtet und ungestört schafft was sie tadeln und verachtet was sie loben. Ohne diese ARROGANZ wird kein großer Mann. [III, 238]

Sie ist eine HEUCHELEI, die durch fremde Erbärmlichkeit, welche geschont seyn will, entschuldigt wird. [I, 186]

Besitz Wir pflegen beim Anblick alles dessen, was wir nicht haben, zu denken »wie, wenn das mein wäre?« und dadurch machen wir uns die Entbehrung fühlbar. Statt dessen sollten wir bei dem was wir besitzen oft denken: »wie, wenn ich dieses verlöre?« [III, 275]

Bestien Wie man gefährliche Bestien wohl fürchtet, aber nicht haßt, so halte ich es mit den Menschen. [IV/2, 113]

Bestseller Wem es auf die FORM ankömmt, wo der Stoff Jedem zugänglich ist, also nur das Mas des Denkens über den Stoff die Sache ausmacht: da kann nur der ausgezeichnete Geist lesenswerth schreiben: denn die Andern werden immer nur DAS denken, was jeder Andre auch denken kann. Sie geben den Abdruck ihres Geistes: aber davon hat jeder das Original schon selbst. [III, 74]

Beten Den geängsteten Menschen drängt es sich niederzuwerfen und Hülfe anzuflehen: Damit also sein Wille die Erleichterung des Betens habe, muß der Intellekt ihm einen Gott schaffen, (meistens mehrere, wegen Verschiedenheit der Angelegenheiten): nicht umgekehrt, weil sein Intellekt einen Gott gefunden hat, betet er. Laßt ihn ohne Bedürfnisse seyn, etwa ein bloß theoretisches Wesen, und er braucht keinen Gott und macht auch keinen. [III, 216]

Biber So wenig als die Natur der verschiedenen Naturwissenschaften bedarf um überall mit der größten Gesetzmäßigkeit und strengsten Konsequenz zu verfahren; so wenig bedarf die Vernunft der Logik um richtig zu denken und konsequent zu schließen. Wer zum letztern Zweck die Logik erlernt, gleicht dem der unternimmt einen Bieber zu seinem Bau abzurichten.

[I, 320]

Bilanz Wenn man beides, die unerreichbare Künstlichkeit der Anstalten, den unsäglichen Reichthum der Mittel, und die Dürftigkeit des dadurch Erzweckten, nebeneinander hält; so wird man gestehn müssen, DASS DAS LEBEN EIN GESCHÄFT IST BEI DEM DER ERTRAG NICHT ZUM HUNDERTSTEN HEIL DIE KOSTEN DECKT.

[III, 327]

Bildung Studierende und Studirte aller Art und jedes Alters gehn in der Regel nur auf KUNDE aus und nicht auf EINSICHT. Sie setzen ihre Ehre daran von allem KUNDE zu haben, von allen Steinen oder Pflanzen, oder Bataillen oder Krankheiten, samt und sonders von allen Büchern. Daß die KUNDE ein bloßes MITTEL zur EINSICHT ist, und an sich wenig oder keinen Werth hat, fällt ihnen nicht ein, ist hingegen die Denkungsart welche den philosophischen Kopf unterscheidet und karakterisirt. [III, 151]

BILDUNG verhält sich zu natürlichen Vorzügen des Intellekts, wie eine wächserne Nase zu einer wirklichen, auch wie Planeten und Monde zu Sonnen. Denn vermöge seiner Bildung sagt der Mensch nicht was er denkt, sondern was Andre gedacht haben und er gelernt hat, und er thut nicht sogleich was er möchte, sondern was man ihn zu thun gewöhnt hat. [IV/1, 12]

Die Hoffnung soll man aufgeben, daß eine genügende Philosophie, das Abbild der Vollendung der Besinnung des Menschen, je dem dumpfen, besinnungslosen, taumelnden Pöbel einleuchten könne, und *à la portée de tout le monde* seyn werde. Sie wird Kunst seyn und wie diese nur Wenigen wirklich da seyn. Denn für die Meisten, sind weder Mozart, noch Raphael noch Shakespear je dagewesen: eine unübersteigbare Kluft trennt diese auf immer von der Menge: wie die Nähe der Fürsten dem Pöbel unzugänglich ist. Den Meisten ist der Don Juan nur ein angenehmes Geräusch auf das sie im Ganzen auch wenig hören und Acht geben, sondern sich unterdessen mit andern Dingen amüsiren, Raphaels Madonna eben ein Bild wie die andern, und Shakespeare ein mißlungner Kotzebue. Autorität läßt sie ihre Meinung nicht aussprechen. – Anders kann es auch mit der ächten Philosophie nicht seyn. [I, 398]

Blasphemie Ehe sie den scharfsinnigen und tief denkenden VANINI lebendig verbrannten, haben sie ihm die Zunge ausgerissen; weil er GOTT damit gelästert hatte. Ich gestehe, daß, wenn ich Dergleichen lese, mich einige Lust anwandelt, diesen GOTT zu lästern. [IV/2, 23]

Bosheit Kein Mann von GENIE war je ein Bösewicht, weil die Bosheit die Aeußerung eines so heftigen Wollens ist, daß selbiges den Intellekt allein zu seinem Dienste braucht und nicht zuläßt, daß er frei werde zu einer rein objektiven Betrachtung der Dinge. Ein Bösewicht kann einen gewaltigen Intellekt haben, aber er kann ihn nur auf Das richten, was irgendwie Beziehung auf seinen Willen hat: er kann daher ein großer Feldherr,

Staatsmann u. s. w. seyn: er kann TALENT haben. Das Wort bedeutet ursprünglich GELD und bezeichnet die Fähigkeiten, durch welche man den Beifall der Menge und folglich Geld erwirbt. [III, 176]

Bücher Zudem sind AUFGESCHRIEBENE GEDANKEN nichts mehr als die Spur eines Spaziergängers im Sande: man sieht wohl den Weg den er genommen hat, aber um zu wissen was er auf dem Wege gesehn, muß man seine eignen Augen gebrauchen. [III, 311]

Charakter Die krassesten Irrthümer, die elendesten Albernheiten unsrer Jugendjahre erzählen wir lachend und ungescheut, weil sie Angelegenheiten des Intellekts waren, der durch Belehrung und Erfahrung Berichtigung und Bildung erhält und das Erzählen und Lachen über frühere Irrthümer und Albernheiten schon beweist daß wir davon zurückgekommen sind. Anders aber verhält es sich mit etwanigen schlechten Streichen, Bosheiten und Hinterlisten unsrer Kinderjahre: die wird ein kluger Mann nicht auftischen; denn er weiß, daß sie auch über seinen gegenwärtigen Karakter Zeugniß ablegen. [III, 258]

Was die Maximen zum Handeln anlangt, so ist auch hier jener Zwitter- und Traums-Karakter völlig anzutreffen. Denn da sprechen 2 Stimmen. Die eine schilt uns IMMER zu dumm, zu träge, zu schlaff und besonders lange nicht egoistisch genug. Die andre schilt eben so IMMER uns viel zu egoistisch, abscheulig, grausam, wahre Teufel. – Unter Millionen von uns ist aber kaum Einer stark genug nur Einer Stimme Gehör zu geben und die Andre in *perpetuum silentium* zu kondemniren, d. h. entweder ein Jesus Christus oder ein Bonaparte oder Robespierre zu werden: d. h. IM VOLLSTEN SINN DES WORTES KARAKTER zu haben: wir Andern wollen zwischen dem Gebiet jener beiden Stimmen in der Mitte gehn, und sehn nicht daß zwischen beiden nur eine mathematische Linie ohne alle Breite ist: daß wir folglich immer es einer von beiden Unrecht machen, so sehr wir auch schlängeln mögen. [I, 193]

Demokratie Wer geistige und leibliche Schönheit kennt, dem giebt der Anblick und die Bekanntschaft eines jeden neuen sogenannten MENSCHEN, in 100 Fällen gegen einen, nichts, als ein ganz neues, wirklich originales und ihm bisher noch nie in den Sinn gekommenes Beispiel eines *compositi* von Häßlichkeit, Plattheit, Gemeinheit, Verkehrtheit, Dummheit, Bosheit, mit einem Wort Widerlichkeit und Abscheuligkeit. [I, 375]

Descartes *Cartesius* bewies die objektive Realität und Wahrheit aller deutlichen Vorstellungen, aus dem Daseyn Gottes, ihres Urhebers, und aus seiner Wahrhaftigkeit. Das Daseyn Gottes aber bewies er aus der deutlichen Vorstellung die wir von ihm, dem *ens realissimum* haben. [III, 44]

Deutsche Den DEUTSCHEN hat man vorgeworfen, daß sie bald den Franzosen, bald den Engländern nachahmen: das ist aber gerade das Klügste, was sie thun können: denn aus eigenen Mitteln bringen sie doch nichts Gescheutes zu Markte. [IV/1, 305]

Man will zwar behaupten, die Deutschen hätten das Pulver erfunden: aber ich kann der Meinung nicht beitreten. [IV/1, 173]

Deutschland Ich lege hier für den Fall meines Todes das Bekenntniß ab, daß ich die deutsche Nation wegen ihrer überschwenglichen Dummheit verachte, und mich schäme ihr anzugehören. [IV/1, 19]

Dichtung Dichten heißt an einem Beispiel zeigen, was die Welt und das Leben sei: dazu ist das erste Erforderniß daß man es erkannt habe. Dies kann tiefer oder flacher geschehn seyn eben so fällt dann die Dichtung aus. [III, 178]

Ding an sich Daher noch immer die Frage aufgeworfen werden kann, was denn zuletzt der WILLE selbst AN SICH SEI? d. h. was er sei, abgesehn davon, daß er sich als WILLE darstellt, d. h. abgesehn davon, daß er überhaupt erscheint, also überhaupt ERKANNT wird. Diese Frage ist offenbar NIE zu beantworten: da wie gesagt schon das Erkanntwerden dem Ding an sich widerstreitet und jedes Erkannte schon als solches Erscheinung ist. [III,36]

Diskussion UM EINEN ANDERN VON EINER WAHRHEIT ZU ÜBERZEUGEN, die gegen einen von ihm lebhaft festgehaltnen IRTHUM streitet, ist die Regel des Verfahrens leicht und natürlich: nämlich diese: DIE PRÄMISSEN VORHER GEHN ZU LASSEN UND DIE KONKLUSION NACHHER. Und doch wird diese Regel selten beobachtet, sondern umgekehrt verfahren: weil unsre Heftigkeit, Eifer und Rechthaberei uns treiben die Konklusion laut und gellend dem am entgegengesetzten Irrthum Hängenden entgegen zu schreien: hiedurch wird er kopfscheu und stemmt nun seinen Willen gegen alle Gründe und Prämissen, von denen er schon weiß, zu welcher ihm verhaßten Konklusion sie führen sollen. Dann ist Alles verloren. – Statt dessen soll man die

Konklusion völlig verdeckt halten: ja man kann in hohen Fällen, wie Kant, eine falsche, entgegengesetzte darüber decken: immer also die Konklusion zudecken, und bloß die Prämissen geben; diese vollständig, deutlich, allseitig: dann spreche man die Konklusion, die der Zweck ist, selbst gar nicht aus: sondern überlasse sie zu ziehn dem zu Ueberzeugenden. Er wird dies heimlich thun und desto aufrichtiger. Er hat dann nicht die Beschämung überzeugt worden zu seyn; sondern den Stolz sich selbst überzeugt zu haben. [III, 37]

Dramaturgie Das Leben eines jeden Menschen ist wenn man es im Ganzen übersieht ein TRAUERSPIEL; im Einzelnen betrachtet aber ein LUSTSPIEL. Das Leben des Tags, die Plage des Augenblicks, das Wünschen und Fürchten der Woche, die Unfälle jeder Stunde sind lauter Komödienscenen. Aber das vergebliche Streben, die zertretene Hoffnung, die unseligen Irrthümer des ganzen Lebens, und der Tod am Schluß, sind immer ein Trauerspiel. [IV/1, 19]

Dummheit Daß ausgezeichnet DUMME MENSCHEN so leicht in den Ruf besondrer Güte des Karakters kommen, ohne es verdient zu haben, geschieht dadurch, daß die Mittelmäßigen für ihre besondre Zuneigung zu den ganz Dummen einen Vorwand suchen, in dem sie den wahren Grund dieser, nämlich daß es so behaglich und wohlthätig für sie ist, sich einmal entschieden überlegen zu fühlen, weder sich noch andern eingestehn. Aus dem umgekehrten Grunde sind Leute von überlegenen Geisteskräften durchgängig verhaßt, zu welchem Hasse allerlei Vorwände gesucht werden. [III, 317]

Ehe Das gewöhnliche Ziel der sogenannten Carriere junger Männer ist doch nur, daß sie das Lastthier eines Weibes werden. [IV/2, 119]

Heirathen heißt das Mögliche thun, einander zum Ekel zu werden. [IV/2, 15]

Ehebruch Fast durchgängig führt der Genius der Gattung einen Krieg gegen den Genius des Individuums, ist sein Verfolger und Feind, indem er das persönliche Wohl, ja sogar den persönlichen Genuß in der Wahl zur Geschlechtsbefriedigung beständig schonungslos zerstört, um seine Zwecke zu fördern. Daher alle unglücklichen Ehen, alle Ehebrüche, tragische und tolle Liebschaften aller Art. Und die Macht des Genius der Gattung ist so groß, daß seine geringsten Launen die wichtigsten Angelegenheiten des persönlichen Wohls, ja des Wohles einer ganzen Nation zu stören vermögen: oder sehn wir nicht die Köpfe großer Gelehrten, großer Geschäftsmänner, Kriegs- und Staatsmänner ersten Rangs, bisweilen auf kürzere oder längere Zeit in Verwirrung gebracht durch den bloßen Eindruck eines oft nur gesehenen Weibes, und ihr Bild sich zwischen die ernsthaftesten Angelegenheiten drängen? Diese Macht beruht aber darauf, daß die Gattung ein unendlich größeres, und *früheres Recht* auf uns hat als das Individuum, indem unser wahres Wesen nicht in diesem liegt, sondern in jener; und daß die Angelegenheiten der Individuen gegen die der Gattung stets höchst unwichtig sind, selbst wenn jene Staatsaktionen betreffen sollten.

[IV/1, 58]

Eigentum Jeder Alleinbesitz einer Sache die keiner Bearbeitung fähig ist, ist ethisch unrecht; er mag civilistisch auch überall gelten. Wegen der früheren Benutzung (nicht Bearbeitung) einer Sache ein ausschließliches Recht auf die fernere Benutzung verlangen (sogenanntes Präoccupations-Recht) heißt für den gehabten Genuß einer Sache noch obendrein eine Belohnung fordern, nämlich ausschließliches Recht auf den fernern Genuß. – Mit viel mehr Recht könnte der neue Ankömmling sagen: »eben weil du es schon so lange genossen hast, ist es Recht, daß du jetzt auch Andere genießen läßt.« [I, 379]

Ethisches Recht auf ein Eigenthum ist durchaus nicht anders zu erlangen, als durch Bearbeitung eines Naturprodukts. Denn welches Recht sollte mir die Besitzergreifung geben, die bloß die Erklärung ist meines Willens Andre davon auszuschließen? Eben diese Erklärung bedarf eines Rechtsgrundes; statt daß Kant annimmt sie sei einer. Demnach giebt die früheRE Besitzergreifung (versteht sich ohne Bearbeitung) kein Recht, da es eben keine rechtliche Besitzergreifung giebt, sondern nur eine rechtliche Aneignung durch Bearbeitung einer Sache, die mir nachher nicht entzogen werden kann, ohne daß man mir die Frucht meiner Arbeit raube, was ethisch unrecht wäre: nicht aber ist es ethisch Unrecht meinen auf nichts gegründeten Ansprüchen auf den Alleinbesitz einer Sache zu widersprechen. – Habe ich und meine Vorfahren 100 Jahr allein in einem Revier gejagt (aber ohne irgend etwas für dessen Verbesserung zu diesem Zweck zu thun) und es kommt ein Fremder der eben dort jagen will; so thue ich Unrecht es ihm zu wehren. [I, 379]

Engagement Es ist Pflicht das Gute zu thun das man thun kann, nicht aber alles Unglück in der Welt aufzuheben, da dazu kein Einzelner die Macht hat: hätte er sie, so wäre auch dies Pflicht. Die Pflicht geht grade so weit als die Kraft. [II, 11]

Erbsünde Wir sind der Natur einen Tod schuldig, und denken mit Beklemmung an diese Schuld: ist das nicht ein Beweis daß unser Daseyn eine Schuld, ein Vergehn, ein Fehltritt ist? [III, 151]

Erfahrung Die Philosophie ist die Betrachtung der Erfahrung als solcher, also des Ganzen der Erfahrung; nicht dieser oder jener Erfahrung, wie die übrigen Wissenschaften. Daraus folgt, daß das Erste, was sie zu betrachten hat, seyn muß das *Medium*, oder die Form in welcher die Erfahrung überhaupt sich darstellt: dieses *Medium* ist die Vorstellung oder die Erkenntniß. Dieserhalb muß alle Philosophie anheben mit Untersuchung des Erkenntnißvermögens und seiner Gesetze. [III, 220]

Erkenntnis Die ganze Verkehrtheit aller frühern Philosophie hat immer daran gelegen, daß man das Erkennende zum Ausgangspunkt nahm, und da dieses, vermöge der synthetischen Einheit der Apperception, ein Individuelles ist, eine individuelle Seele setzte: dagegen habe ich zu allererst das Wollen zum Ausgangspunkt genommen und das Erkennen als seine bloße Erscheinung angesehn, wodurch auch das Erkennende, mit jener Individualität, zum bloßen Phänomen wird. [III, 119]

Jeder hält das Ende seines Horizonts für das Ende der Welt, und das ist im Intellektuellen so unvermeidlich, wie im physischen Sehn der Schein, daß am Horizont der Himmel die Erde berührt. [III, 191]

Etwas erkennen nach dem was es ganz an und für sich sei, ist für alle Ewigkeit unmöglich: weil es sich widerspricht. Denn sobald ich erkenne, habe ich eine Vorstellung: dieses muss aber eben weil sie meine Vorstellung ist verschieden seyn von dem Erkannten und kann nicht mit demselben identisch seyn. [III, 432]

Mein Leben in der wirklichen Welt ist ein bittersüßer Trank. Es ist nämlich, wie mein Daseyn überhaupt, ein stetes Erwerben von Erkenntniß, Gewinnen von Einsicht, das hier diese wirkliche Welt und mein Verhältniß zu ihr betrifft. Der Gehalt dieser Erkenntniß ist traurig und niederschlagend: aber die Form der Erkenntniß überhaupt, das Gewinnen an Einsicht, das Eindringen in die Wahrheit ist durchaus erfreulich und mischt fortwährend seine Süße in jene Bitterkeit, seltsamerweise. [I, 375]

Unser Erkennen wird von unserm Wollen, unsern Neigungen durchweg korrumpirt, bestochen, verfälscht: was unserm Herzen widerstrebt, das läßt unser

Kopf nicht ein: was unsrer Hypothese, unserm Plane, unserer Hoffnung, unserm Wunsche entgegen läuft, das können wir nicht sehn und nicht begreifen. [III, 255]

Erziehung Für die Fortschritte der Erkenntniß im Menschengeschlecht ist es eine erschreckliche Sache, daß jedem Menschen, wo immer er auch geboren sei, in früher Jugend GEWISSE BEHAUPTUNGEN EINGEPRÄGT werden, mit sammt der Versicherung, daß er, bei Gefahr sein ewiges Heil zu verwirken, nie diese Behauptungen in Zweifel ziehn dürfe. Da es Behauptungen sind, welche die Grundlage aller andern betreffen, so entsteht hiedurch eine LÄHMUNG DER GEISTESKRÄFTE, deren Wirkungen sich überall hin erstrecken. [III, 317]

Der Nachtheil jeder KÜNSTLICHEN ERZIEHUNG ist dieser. Nach der Natur unsers Geistes sollen die Begriffe durch Abstraktion aus den Anschauungen entstehn, folglich auf alle Weise die Anschauungen früher daseyn als die Begriffe: und wenn es wirklich diesen Gang nimmt, wie es der Fall ist bei dem, der bloß die Erfahrung zum Lehrer und zum Buch hat, so weiß der Mensch ganz gut, welches die Anschauungen sind, die unter jeden seiner Begriffe gehören, er kennt sie genau, behandelt folglich alles Vorkommende richtig. Dies ist die natürliche Erziehung. Hingegen bei der künstlichen Erziehung wird durch Vorsagen, Lehren und Lesen der Kopf voll Begriffe gepfropft, ehe noch eine irgend ausgebreitete Bekanntschaft mit der anschaulichen Welt da ist. [III, 260]

Ethologie Der Wille im Menschen hat genau denselben Zweck wie der Wille im Thier: sich nähren und Kinder zeugen. Aber nun, welch einen komplicirten und künstlichen Apparat dazu hat der Mensch, welch künstliche Mittel zum selben Zweck, wie viel Intellekt, Ueberlegung und feine Abstraktion, die selbst bei den täglichen Verhandlungen des gemeinen Lebens in Anwendung gebracht werden. Und doch wird nur eben dasselbe bezweckt und erreicht, wie vom Thier. [III, 168]

Etym Es ist nicht zufällig, daß *voluntas* und *voluptas* beinahe dasselbe Wort ist. [III, 367]

Ewiges Leben Daß die Leute sich einbilden und darauf bestehn, der TOD sei NICHT der TOD, sondern der Anfang eines neuen LEBENS, das ist eben der größte aller Irrthümer und der abstrakte Ausdruck jenes Grundirrthums, jenes praktischen Irrthums (Sünde, Erbsünde) der das Leben selbst ist. Sie wollen nicht vom Leben lassen, sie reden gar von einem seeligen Leben, welches eine *contradictio in adjecto* ist. Seeligkeit-Wollen das Gegentheil von Leben-Wollen. [I, 87]

Exzentrik Zur PHILOSOPHIE, wie zur Poesie und allen schönen Künsten, befähigt nur ein ganz EXCENTRISCHER HANG, der, gegen die Regel der menschlichen Natur, an die Stelle des Strebens nach dem Wohl der eigenen Person, ein völlig objektives, auf eine der Person fremde LEISTUNG gerichtetes Streben setzt, und eben dieserhalb sehr treffend EXCENTRISCH heißt. [III, 271]

Fehler Leute von großen hervorstechenden Eigenschaften machen sich wenig daraus, ihre FEHLER UND SCHWÄCHEN ZU GESTEHN oder sehn zu lassen: vielleicht weil sie in ihrem Uebermuth denken, daß nicht so leicht diese Schwächen ihnen Schande, als sie den Schwächen Ehre machen werden; und sodann, weil manche ihrer Fehler von ihren großen Eigenschaften unzertrennlich, *conditiones sine qua non* derselben sind. *Chacun a les défauts de ses vertus* hat George Sand gesagt. [III, 283]

Fichte O Narrheit der Welt: Johannes sagt und wiederholt »Gott ist die Liebe!« wie aber Fichte gesagt hatte »Gott ist die moralische Weltordnung«, ward er verketzert und verfolgt. [IV/1, 155]

Freiheit Diese objektive Freiheit des Genies hängt ab von angeborenem Vermögen oder einem Mäcen, und von Mäßigkeit der Wünsche. [III, 83]

Freiheitlich-demokratische Grundordnung Mit Aufhebung des FAUSTRECHTS wurde an die Stelle des Rechts des STÄRKEREN das Recht des KLÜGEREN gesetzt. Mit völligem NATURRECHT oder eigentlichem RECHT besitzt man nur das was man durch Arbeit seiner Hände oder Ausübung einer Kunst oder Wissenschaft als Lohn von Andern verdient hat. Alles Vermögen aber das durch Handel und Kauf oder irgend eine Spekulation oder auch durch klug gewonnene Fürstengunst oder

Volksgunst erworben ist, hat man durch ein Uebergewicht seiner Klugheit, welches eine eben so zufällige Gabe ist, als Uebergewicht der Körperkraft. Daher ist ein solcher Besitz, moralisch betrachtet, nicht besser begründet als der durchs Faustrecht erlangte. [I, 197]

Freizeit Was alles Lebende beschäftigt und in Bewegung erhält ist das Streben nach DASEYN. Mit dem Daseyn aber, wenn es ihnen gesichert ist, wissen sie nichts anzufangen. Daher ist das 2te was sie in Bewegung setzt, das Streben die Last des Daseyns los zu werden, unfühlbar zu machen, kurz, der Langenweile zu entgehn. [III, 29]

Freunde Nichts verräth weniger Menschenkenntniß als wenn man als einen Beleg der Verdienste und des Werthes eines Menschen anführt, daß er viele FREUNDE hat: als ob die Menschen ihre FREUNDSCHAFT nach dem Werth und Verdienst verschenkten! als ob sie nicht vielmehr ganz und gar wie die Hunde wären, die DEN lieben der sie streichelt oder gar ihnen Brocken giebt und weiter sich um nichts bekümmern! – Wer es am Besten versteht sie zu streicheln, und seien es die garstigsten Thiere, der hat VIELE FREUNDE. [I, 265]

Gebote Ein ABSOLUTES GEBOT (KATEGORISCHER IMPERATIV) ist ein WIDERSPRUCH: jedes Gebot ist bedingt. Das Unbedingtnothwendige ist ein MUSS, dergleichen die Naturgesetze sind. Das Moralgesetz ist ganz und gar bedingt. Es giebt eine Welt und eine Ansicht des Lebens in der es gar nichts gilt noch bedeutet. Diese Welt ist eigentlich die reale Welt in der wir als Individuen leben: denn jede Rücksicht auf Moralität ist eine Verleugnung derselben und unsres Individui. [I, 236]

Gefühl Alles das höchst Verschiedene was die Leute so einfältig unter dem weiten Begriff GEFÜHL befassen, der (was sie nicht wissen) nur eine negative Bedeutung hat, nämlich die der Negation des Begriffs, des abstrakten Wissens, – alles dieses eben in abstrakte Begriffe, in Wissen, zu verwandeln, ist das Geschäft des Philosophen. [I, 173]

Gehirnforschung Daß das schönste Denken, das lebendigste Anschauen nichts weiter ist als die physiologische Funktion eines Eingeweides, DES GEHIRNS, ist gewiß: aber was ist dieses Gehirn, dessen physiologische Funktion ein solches Phänomen ist, wie Denken und Anschauen? was ist die Materie, die bis zu einem solchen Gehirnbrei potenzirt wird? was ist diese materielle Welt, in der eine gereizte Partikel derselben das Phänomen giebt vermöge dessen sie selbst erst ins objektive Dasein tritt? Die Scheu vor diesen Fragen brachte zur

Hypostase der immateriellen Seele, die im Gehirn bloß wohnte. [III, 220 f.]

Geilheit Das fortwährende Daseyn des MENSCHENGESCHLECHTS ist bloß ein Beweis der Geilheit desselben. [IV/1, 312]

Geisteswissenschaft Wenn den UNGENIALEN irgend eine NEUE LEHRE vorgelegt wird, so suchen sie nicht in den Sinn, in das Innre davon einzudringen, es genau zu erforschen und dann durch eine Vergleichung mit dem Objekt selbst, das dadurch aufgeklärt werden soll, zu beurtheilen. Sie wählen vielmehr einen kürzern und bequemern Weg: nämlich sie suchen (da sie nur zum verneinen geneigt sind) einen APAGOGISCHEN BEWEIS des Gegentheils, auf folgende Weise. Sie wählen nämlich irgend einen Satz, besonders einen Folgesatz der neuen Lehre und sehn sich um ob er nicht mit irgend etwas das ihnen für unanfechtbare Wahrheit gilt im Widerspruch steht: finden sie dies glücklicherweise so ist die Neuerung besiegt durch glückliche und scharfsinnige Anwendung des Satzes vom Widerspruch. Daß der Widerspruch scheinbar seyn kann, daß er durch irgend etwas, noch Verborgenes, sobald es entdeckt sein wird, aufgelöst werden kann, daß am Ende gar die vermeinte unwandelbare Wahrheit falsch seyn kann: das wollen sie nicht wissen. [I, 304]

Gelehrte Der DEUTSCHE GELEHRTE ist zu arm um redlich und ehrenhaft seyn zu können: daher ist Drehen, Winden, Sich ackommodiren, Kriechen, Schmeicheln,

Partheiung machen, Minister, Große, Kollegen, Studenten, Buchhändler, Recensenten, kurz Alles eher als die Wahrheit und das ächte Verdienst berücksichtigen, – sein Gang: er ist ein rücksichtsvoller Lump. [IV/1, 272]

Geliebte Die GEGENWART EINES GEDANKENS ist wie die Gegenwart einer Geliebten: wir meinen, den Gedanken werden wir NIE vergessen, die Geliebte wird uns NIE gleichgültig werden: – aber, aus den Augen aus dem Sinn. – Die schönsten Gedanken sind unwiederbringlich, wenn nicht aufgeschrieben, und der Geliebten suchen wir einst zu entfliehen, wenn nicht angetraut. [III, 112]

Gelübde VERNÜNFTIG und zugleich UNVERSTÄNDIG handelt wer eine an sich dumme Maxime sich gesetzt hat, ihr aber unabänderlich nachlebt. Z. B. jene Prinzessin (Isabella von Kastilien) die sich vorgenommen hatte kein reines Hemd anzuziehen, so lange Ostende nicht erobert war, und Wort hielt. Der Art ist überhaupt jedes Gelübde weil es aus Mangel an Einsicht ins Gesetz der Kausalität herrührt: es zu halten, wenn man einmal so beschränkt an Verstande war es zu geloben, ist eben vernünftig. [I, 198]

Gemeinheit Warum ist »GEMEIN« ein Ausdruck der Verachtung? »Ungemein (Außerordentlich, Ausgezeichnet)« des Beifalls? Warum ist alles GEMEINE durchaus verächtlich? –

Das GEMEINE ist was Allen, d. h. der ganzen Species eigen ist, also durch die Species schon gesetzt ist. – Wer weiter keine Eigenschaften hat, als die der Menschenspecies ist EIN GEMEINER MENSCH: »gewöhnlicher Mensch« ist nur ein gelinderer Ausdruck; scheint jedoch mehr auf das Intellektuelle, jener andre mehr auf das Moralische zu deuten. Welchen Werth kann denn auch ein Wesen haben das weiter nichts ist als eben Millionen seines Gleichen? Was sage ich? Millionen! eine Unendlichkeit! eine wahre Unendlichkeit von Wesen, welche die Natur aus unerschöpflicher Quelle unaufhörlich wiederholt, *in secula seculorum.* [III, 73]

Die GEMEINHEIT ist der LEIM, der die Menschen zusammenkleistert. Wem es daran gebricht, der fällt ab. [IV/2, 12]

Gemeinsinn Rücksicht auf Bedürfnisse des Staats und irgend politische Tendenz wird man bei mir vergeblich suchen: DIE PRIVATANGELEGENHEITEN MEINES ZEITALTERS gehn mich nicht an. [IV/1, 288]

Genie Wie der schönste Menschenkörper in seinem Innern Koth und mephitischen Dunst verschließt, so hat der edelste Karakter einzelne böse Züge und das größte Genie Spuren von Beschränktheit und Wahnsinn. [I, 341]

Der mit GENIE begabte Mensch opfert sich Ganz für das Ganze, eben indem er lebt und schafft. Daher ist er frei von der Verbindlichkeit sich im Einzelnen für Einzelne zu opfern. Dieserwegen kann er manche Anforderung abweisen die Andre billig erfüllen müssen. Er leidet und leistet doch mehr als alle Andern. [I, 301]

Das ist der Fluch des Menschen von GENIE, daß in demselben Maaß, als er den Andern groß und bewundernswürdig erscheint, sie ihm klein und erbärmlich vorkommen: diese Meinung muß er sein Leben lang unterdrücken; und mit der ihrigen halten sie es meistens eben so. Inzwischen ist er verdammt, in einer öden Welt zu leben, wo er nicht auf seines Gleichen trifft, wie auf einer Insel, die keine andern Bewohner hat, als Affen und Papageien. Und dabei neckt ihn ewig die Täuschung, daß er von weitem einen Affen für einen Menschen ansieht.

So sehr das *vulgus* sich freut an den Menschlichkeiten und Schwächen großer Männer, wodurch solche als seines Gleichen erscheinen; so sehr betrübt es den großen Geist, wenn er an die Verwandtschaft mit Jenen durch menschliche Schwäche erinnert wird. [IV/1, 157]

Genuß Wenn der ganze Leib gesund, aber irgend eine kleine Stelle wund ist, oder sonst schmerzt, so tritt die übrige Gesundheit des Leibes weiter nicht ins Bewußtseyn, sondern die Aufmerksamkeit ist beständig auf den Schmerz der verletzten Stelle gerichtet, und das Behagen der gesammten Lebensempfindung ist aufgehoben. Eben so, wenn alle unsre Angelegenheiten nach unserm Sinne gehn; bloß EINE nicht, in der wir kontrariirt sind, diese eine mag von sehr geringer Bedeutung seyn, so kommt sie uns doch immer wieder in den Kopf, wir denken häufig an sie und selten an alle jene andern, wichtigeren Dinge die nach unserm Sinne stehn. In beiden Fällen ist es der Wille, einmal in der Korporisation, das andre Mal im Streben und Thun sich objektivirend. Seine BEFRIEDIGUNG IST IMMER NUR NEGATIV und kann daher gar nicht direkt empfunden werden, es sei denn auf dem Wege der Reflexion: hingegen seine Hemmung ist das Positive, sich selbst Ankündigende. Der Genuß besteht bloß im Augenblick der Aufhebung dieser Hemmung, in der Befreiung davon. [III, 134]

Jeder Genuß ist relativ, nämlich ist bloße Befriedigung, Stillung eines Bedürfnisses: daß mit Aufhebung des Bedürfnisses der Genuß wegfällt, ist so wenig beklagenswerth, als daß Einer nach Tische nicht mehr essen und nach ausgeschlafener Nacht nicht mehr schlafen kann. [III, 276]

Weil die Gegenwart allein die real erfüllte Zeit ist und unser ganzes wirkliches Daseyn in ihr konzentrirt und auf sie beschränkt ist; so sollte man sie stets einer heitern Aufnahme würdigen, jede erträgliche und von unmittelbaren Schmerzen freie Gegenwart mit Bewußtseyn als solche genießen, d. h. sie nicht trüben durch verdrießliche Gesichter über die verfehlten Hoffnungen der Vergangenheit oder die Sorgen der Zukunft. [III, 24]

Es giebt eigentlich keinen Genuss als im Gebrauch und Gefühl seiner Kräfte: und der größte Schmerz ist Wahrnehmung des Mangels von Kräften da wo man ihrer bedarf. Zu seinem Wohlseyn erforsche daher jeder welche Kräfte er hat und welche nicht: er bilde und brauche dann die hervorstechenden Kräfte stark, er wandle den Weg wo seine Kräfte taugen und gelten und vermeide selbst mit Ueberwindung seiner selbst den Weg wo Kräfte erfordert werden die bei ihm im geringen Grade da sind: so wird er oft mit Freuden seiner

Stärke und selten mit Schmerz seiner Schwäche sich bewußt, und ihm wird wohl seyn: läßt er sich aber verleiten zu Bestrebungen die eine ganz andre Art von Kräften, als die bei ihm hervorstechen erfordern; so wird er Demüthigung erfahren, die vielleicht der größte Geistesschmerz ist. [I, 394]

Gerechtigkeit Wenn Gerechtigkeit herrschte, wäre es hinreichend sein Haus gebaut zu haben, und es bedürfte weiter keines Schutzes als des offenbaren Eigenthumsrechts. Aber weil Unrecht an der Tagesordnung ist; so verlangt man daß wer das Haus gebaut, auch im Stande sei es zu schützen; sonst ist sein Recht darauf unvollkommen und der Angreifer hat Faustrecht. Dies ist das Princip nach welchem U.St. über Mexiko herfallen. [III, 168]

Geschichte Man kann DIE GESCHICHTE als eine Fortsetzung der ZOOLOGIE betrachten. [III, 192]

Die GESCHICHTE zeigt uns das Leben der Nationen: aber sie erzählt nichts als Kriege: die friedlichen Jahre kommen nur als kurze Rastzeiten, Zwischenakte, dann und wann vor. [III, 141]

Geschlecht & Geist Die Knochen sind der Resonanzboden der Nerven. Die Genitalien sind der Resonanzboden des Gehirns. [I, 165]

Geschlechtstrieb Wenn der Wille zum Leben sich bloß darstellte als Trieb zur Selbsterhaltung, so würde dieses besagen, daß er bloß die individuelle Erscheinung und die kurze Spanne Zeit ihrer natürlichen Dauer bejaht: weil hingegen der Wille zum Leben das Leben schlechthin und eine endlose Zeit hindurch will; so stellt er sich zugleich als Geschlechtstrieb dar. Hieraus ist die Wichtigkeit und Heftigkeit dieses Triebs zu ermessen. [III, 169]

Die Ehre, welche bisher jedes Interesse überwog, wird aus dem Felde geschlagen, sobald die Geschlechtsliebe, d. h. das Interesse der Gattung, ins Spiel kommt und entschiedenen Vortheil vor sich sieht: denn es ist gegen jedes Interesse bloßer Individuen unendlich überwiegend. Ihm allein weichen daher Ehre, Pflicht und Treue, nachdem sie jeder andern Versuchung, selbst der Drohung des Todes, widerstanden haben. [IV/1, 58]

Darum ist das Geschlechtsverhältniß stets der Mittelpunkt und die Hauptsache in allem Thun und Treiben der Menschen: so sehr, daß seine Angelegenheiten nicht einmal ausgesprochen zu werden brauchen, sondern sich überall von selbst verstehn: zwar sittsam verschleiert nimmt es doch überall den Hauptplatz ein: es ist die Ursache des Krieges und der Zweck des Friedens, die Grundlage des Ernstes und das Ziel des Scherzes, die unerschöpfliche Quelle des Witzes, der Schlüssel zu allen Anspielungen und der Sinn aller geheimen Winke, aller unausgesprochenen Anträge und aller verstolnen Blicke, das tägliche Dichten und Trachten der Jungen und der Alten, der stündliche Gedanke des Unkeuschen und der gegen seinen Willen stets wiederkehrende Traum des Keuschen, – und so sieht man es in jedem Augenblick als den eigentlichen und erblichen Herrn der Welt sich aus eigener Machtvollkommenheit auf den angestammten Thron hinpflanzen und von dort herab mit höhnendem Blick der Anstalten lachen, die man getroffen hat es einzukerkern und wo möglich ganz verdeckt zu halten, oder doch es so einzuschränken daß es nur für eine ganz untergeordnete Nebenangelegenheit des Lebens zum Vorschein kommen soll.

(Mögen die welche sich anschicken über diese Stelle ein lautes Geschrei zu erheben, vorher wohl dafür sorgen, daß man sie nicht für Heuchler oder für Eunuchen halte: denn die Wahrheit ist nun einmal auf meiner Seite, wenn sie auch zu ihrer Kandidaten-Philosophie nicht passen sollte!) Nicht umsonst haben die Inder den Lingam und die Yony, die Griechen den Phallus zum religiösen Symbol des Lebens der Natur erwählt: Der Geschlechtstrieb ist an sich der Kern des Willens zum Leben und äußerlich betrachtet, wie er sich in der Erscheinung giebt, ist er das was die ganze Erscheinung perpetuirt und zusammenhält. [III, 368]

Glaube Der THEISMUS ist, wo er auch entspringen mag, überall ursprünglich vollkommen anthropomorphistisch. Die spätere Sublimation zur undeutlichern Nebelgestalt, und endlich bis zum Verlust aller Persönlichkeit, ist eine Verbildung jenes kindisch-natürlichen Einfalls, durch welche er sich allmählig zu Nichts verflüchtigt. [III, 457]

Es ist dem Menschen natürlich, leicht zu glauben, was er wünscht, es zu glauben, weil er es wünscht. [III, 43]

Gleichnis Gleichnisse haben einen unschätzbaren Werth: sie führen ein unbekanntes Verhältniß auf ein bekanntes zurück.

Eigentlich beruht alle Begriffsbildung zuletzt auf Gleichnissen. [III, 173]

Glück Die welche durch Streben nur in der Zukunft leben, immer vorwärts sehn und mit Ungeduld den kommenden Dingen entgegeneilen als welche allererst das wahre Glück bringen werden, die Gegenwart inzwischen ungenossen und unbeachtet vorbeiziehn lassen, diese gleichen dem Italiänischen Esel Tischbeins, mit seinem an einem Strick vorgebundenem Heubündel, welches seinen Schritt beschleunigt. Sie leben stets nur *ad interim*, bis sie todt sind. [III, 271]

Jede epische oder dramatische Dichtung stellt das Leben dar: sie schildert aber nie ein BLEIBENDES, VOLLENDETES GLÜCK, sondern immer nur ein werdendes, angestrebtes: ist das Ziel des Helden erreicht, so muß sie schließen: denn es bliebe ihr nichts übrig als zu zeigen, daß das als Glück aufgestellte Ziel den Helden nur geneckt hat und er eigentlich nicht besser daran ist wie zuvor. Denn ein wirkliches bleibendes Glück ist gar nicht möglich und daher kein Gegenstand der Kunst. Das Idyll soll zwar eigentlich ein ruhiges bleibendes Glück schildern: aber es geht gar nicht: das Idyll wird immer episch und ist nur ein sehr unbedeutendes Epos was keine große Leiden, aber auch keine große Freuden schildert. [I, 427 f.]

Gott Einige suchen dadurch ihr Gewissen zu retten, daß der liebe Gott, der bei ihnen sich von selbst versteht, auch danach ist: kupfernes Geld, kupferne Waare! Er hat nämlich weder Hand noch Fuß, noch Kopf noch Schwanz. Sie halten mit ihm so hinterm Berge, daß man kaum einen Zipfel sieht; oder vielmehr hinter einem Bollwerk schallender Worte. – Wenn man sie nur zwingen könnte sich deutlich zu erklären, was unter einem Gott zu denken ist: dann wollten wir sehn, ob er sich von selbst versteht! – Nicht einmal eine *Natura naturans* versteht sich unmittelbar von selbst: denn dem Demokrit, Epikur, Lukrez, und *système de la nature* war die *Natura naturata* Alles in Allem: und jeder von diesen Männern ist mehr werth als eine Legion Wetterfahnen, deren Philosophie sich nach dem Winde dreht.

Eine *natura naturans* wäre aber noch lange kein Gott. Ein Gott ist nothwendig ein persönliches Wesen: ein unpersönlicher Gott ist gar kein Gott, sondern nur ein mißbrauchtes Wort, eine *contradictio in adjecto* ein Schiboleth für Philosophenprofessoren, die sich Stelle und Gehalt sichern wollen. Persönliche Wesen aber, d. h. individuelle erkennende und wollende Wesen, sind eine Erscheinung, die uns schlechterdings nur aus der animalischen Natur bekannt ist und die wir uns als von dieser getrennt nicht ein Mal vorstellen können. Daß nun ein solches persönliches Wesen der Ursprung der Welt sei, ist an sich selbst ein so kolossaler Gedanke, wie man an Dem sehn könnte, der ihn zum ersten Mal hörte; daß außerordentliche Dreistigkeit dazu gehört, den Leuten aufbinden zu wollen, er verstehe sich von selbst, sei uns angeboren und dgl. – Als theoretisches Dogma bedarf er vielmehr des strengsten Beweises, und zwar um so mehr als dasselbe Jahrhunderte lang sich unterstanden hat, Jeden der es nicht wollte gelten lassen *eo ipso* zum Schurken zu stempeln für den das Wort Atheist in der Meinung des großen Haufens fast gleichbedeutend ist. Ein solches Dogma verdient also daß man ihm ein Mal methodisch auf den Zahn fühlte und das hat Kant gethan. [III, 614]

Vom LIEBEN GOTT wollen sie erzählt haben. Und weil ich von dem nichts zu berichten wußte, – kann ich auf die Nachwelt warten. [IV/1, 200]

Gottesbeweise Die RELIGION nimmt das Daseyn Gottes auf Autorität der Bibel an, und damit gut. Die PHILOSOPHIE suchte bisher dasselbe aus vernünftigen Grundsätzen und Reflexionen zu beweisen und hatte eben den Gipfel dieser Methode erreicht, als Kant die Unmöglichkeit jenes Beweises so bündig darthat, daß Keiner seitdem wieder gewagt hat, dergleichen zu versuchen. Nun befinden sich aber unsre bestallten PROFESSOREN DER PHILOSOPHIE in großer Verlegenheit. Von einem christlichen Staate besoldet, dessen Jugend anzuleiten, glauben sie die Hauptperson der Landesreligion nicht stillschweigend vorbeigehn zu dürfen; wozu sind sie denn sonst da? – Die Schwierigkeit ist groß. – Aber was thun die Lumpen? Sie behaupten sammt und sonders, und ohne Ausnahme, das Daseyn Gottes verstände sich von selbst! – So! nachdem die alte Welt, auf Kosten ihres Gewissens, Wunder gethan hat, es zu beweisen; und die neue Welt, auf Kosten ihres Verstandes, ontologische, kosmologische und physikologische Beweise einzeln und im Verein ins Feuer geführt hat, – versteht es sich bei diesen Herren von selbst! – Sind das nicht Lumpen? Wäre es nicht besser ein ehrlich Stück Brod mit dem Hobel oder der Pfrieme zu verdienen, als solchen Komplex von Niederträchtigkeit und Unverschämtheit vorzustellen? [III, 613 f.]

Gotteslob Ich wollte doch daß, ehe sie in das LOB DES ALLGÜTIGEN ausbrächen, sie ein bischen um sich herumsähen, wie es aussieht und hergeht auf dieser schönen Welt. – Nachher würde ich sie fragen, ob solche dem Werke der Allweisheit, Allgüte, und Allmacht, oder dem des blinden Willens zum Leben ähnlicher sieht. [III, 503]

Güte Edelmuth erwirbt ganz andre Verehrung als Genie: ein edler Karakter, bei gänzlichem Mangel intellektueller Auszeichnung und Bildung, steht da, wie einer, dem nichts abgeht, dagegen das größte Genie, mit moralischen Fehlern behaftet, nichts weniger als untadelhaft erscheint. [III, 233]

Gut GUT heißt durchaus nur ZWECKMÄSSIG, und Zwecke giebt es nur für einen Willen: darum heißt GUT allemal UNSERM WILLEN GEMÄSS: so sagen wir gutes Wetter, gutes Essen, gute Wege, gute Waffen: d. h. alles wie wir sie WOLLEN und unsrer Natur nach wollen müssen; wie sie unserm Willen gemäß sind. Zuverlässig hat man einen MENSCHEN ursprünglich wie jedes andre Ding, nur deswegen GUT genannt, weil er dem Willen des Andern gemäß, d. h. diesem freundlich war. [I, 149]

Hegel & Hegelianer Um die Menschen zu mysticiren, ist nichts tauglicher als ihnen etwas vorzulegen, davon sie deutlich merken, daß sie es nicht verstehn: da werden sie, besonders Deutsche, die treuherziger Natur sind, sogleich annehmen, daß es nur an ihrem Verstande liegt, dem sie im Stillen nicht gar viel zutrauen: zugleich werden sie ihr Nichtverstehn Ehren halber verhehlen, wozu kein sichereres Mittel als einzustimmen in das Lob der unverstandenen Weisheit, die nun eben dadurch immer mehr Autorität erhält, immer mehr imponiert und immer mehr Muth und Selbstvertrauen in Dem voraussetzt, der seinem Verstande ernstlich trauend und aus eignen Mitteln urtheilend, das Ding für eine unsinnige Saalbaderei erklärt.

An Hegels Philosophie ist nichts deutlich, als ihre ABSICHT; welche ist, die Gunst der Fürsten zu erwerben durch Servilität und Orthodoxie. Die Deutlichkeit der Absicht kontrastirt sehr pikant mit der Undeutlichkeit des Vortrags, und wie Harlekin aus dem Ei entwickelt sich am Ende eines ganzen Bandes voll bombastischen Gallimathias und Unsinn die edle Rockenphilosophie, die man in Quarta zu erlernen pflegt, nämlich Gott Vater, Sohn und der heilige Geist, DIE RICHTIGKEIT DER EVANGELISCHEN KONFESSION UND DIE FALSCHHEIT DER KATHOLISCHEN u. dgl. m. Wenn man die Begriffe SEYN und NICHTS beliebig mit einander vertauschen kann; so sind alle Räthsel gelöst und alle Probleme beantwortet. [III, 364]

Nunmehro sagt er: ist der Herrgott mit der Welt Eins; so ist er's um so mehr mit dem Menschen. Folgt, daß der Mensch die Welt geschaffen hat (denn das hat ja, wie wir wissen, der Herrgott gethan): sie ist daher nichts als sein, des Herrgotts oder Menschen, wirklich gewordener Gedanke: weshalb denn eben auch das Reale und Ideale Eins sind. Unterm IDEALEN verstehe ich (der Hegel) aber nicht etwa die anschauliche Welt; sondern die BEGRIFFE (indem ich ignorire daß sie empirischen und individuellen Ursprungs sind). *Ergo* muß zwischen den menschlichen gäng und geben Begriffen und der realen Welt die allergenaueste Uebereinstimmung seyn; denn sie sind ja eigentlich nur Eins und Dasselbe.

Ergo was wirklich ist, ist vernünftig u. dgl. was wir uns eben denken, was in unsern Köpfen spukt, das muß auch SEYN in der realen Welt; und was in dieser wirklich ist, das muß auch unserm Gedankensystem gemäß und eben recht (vernünftig) seyn. Die letzte Applikation wird zum Jesuitischen Kniff, alle bestehenden Einrichtungen zu sanktioniren. [IV/1, 18]

Hegelianer Wenn ein HEGELIANER sich in seinen Behauptungen plötzlich kontradiktorisch widerspricht; da sagt er: »jetzt ist der Begriff in sein Gegentheil umgeschlagen.« Wenn doch Das vor Gericht auch gälte! [IV/1, 210]

Heiterkeit Nichts ist seines Lohns sicherer als die HEITERKEIT: denn bei ihr ist Lohn und That Eines. Nichts kann so wie sie jedes andre Gut sicher und reichlich ersetzen. Ist Einer reich, jung, schön, geehrt; so frägt sichs ob er dabei HEITER ist, wenn man sein Glück beurtheilen will: umgekehrt aber ist er heiter, so ists einerlei ob er jung, alt, arm, reich sei: er ist glücklich. – Wir sollen daher der Heiterkeit, wann immer sie kommen will, Thür und Thor öffnen. Denn sie kommt nie zur unrechten Zeit: statt daß wir oft Bedenken tragen, ihr Eingang zu gestatten, indem wir uns erst bedenken wollen, ob wir auch Ursach haben heiter zu seyn, oder damit sie uns nicht von unsern ernsthaften Ueberlegungen und schweren Sorgen abziehe. Was wir durch diese bessern ist sehr ungewiß: hingegen ist Heiterkeit der sicherste Gewinn: und weil sie ihren Werth allein für die Gegenwart hat, so ist sie das höchste Gut für Wesen, deren Wirklichkeit die Form einer untheilbaren Gegenwart zwischen 2 unendlichen Zeiten hat. Ist also Heiterkeit das Gut, welches alle andern ersetzen, selbst aber durch keines ersetzt werden kann. [III, 238]

Himmel Daß nachdem man alle Leiden in die HÖLLE versetzt hatte, für den HIMMEL nichts übrig blieb als Langeweile, dies beweist daß unser Leben gar keine andern Bestandtheile hat als Leiden und Langeweile. [I, 218]

Historie Der angemessenste, d.h. der wahrhaft philosophische, STIL FÜR DIE GESCHICHTE ist der IRONISCHE. [I, 90]

Historiker Der Dichter (nämlich der ächte) wird das Leben viel wahrer darstellen, als der Historiker. Denn dieser soll der einzelnen Begebenheit genau nach dem Leben folgen: aber er kann sie nie ganz wissen, weil er unmöglich ALLES gesehn oder erkundet hat. Der Dichter dagegen hat die Idee aufgefaßt und giebt sie aus seinem innern ganz wieder, ist bis auf das Einzelne wahr, wie das Leben selbst. Die großen alten Historiker sind daher im Einzelnen, wo die Data sie verlassen, Dichter: die neuen geben »ein Kährigtfaß und eine Rumpelkammer und höchstens eine Haupt- und Staatsaktion«. Man wird also das Leben viel besser aus guten Dichtern als aus Historikern kennen lernen: denn selbst die besten aus diesen sind als Dichter lange nicht die ersten und haben nicht freie Hände. [I, 223]

Hölle Hat mich ein von mir verschiedenes Wesen gemacht; so trägt dieses die Schuld aller meiner Sünden, und alle Verantwortlichkeit ist von mir genommen: denn handle ich schlecht, so ist's weil ich schlecht bin, und bin ich dies, so ist's die Schuld dessen der mich machte. Daher das Tollste wäre, wenn dieser grade selbst mich für mein Thun zur Rechenschaft ziehn wollte. [IV/1, 121]

Hoffnung Was kann man denn Viel von einer Welt erwarten, in der fast Alle bloß leben, weil sie noch nicht haben sich ein Herz fassen können zum Todtschießen! [I, 441]

Hypothese Eine HYPOTHESE führt in dem Kopfe, in welchem sie Platz genommen hat oder gar geboren ist, ein Leben, welches dem eines Organismus völlig ähnlich ist, darin, daß sie von der Außenwelt nur das ihr Zusagende und Homogene aufnimmt, hingegen das ihr Heterogene und Widersprechende entweder gar nicht an sich kommen läßt oder wenn es ihr unvermeidlich zugeführt wird, ganz unversehrt wieder excernirt. [III, 132]

Illusion Ich weiß wohl, daß jeder denkende Mensch seine Zeit für die allererbärmlichste hält: aber ich muß gestehn, daß ich von der Illusion nicht frei bin. [IV/1, 198]

Inquisition Denn die Philosophie kann nur dann einen freien Gang haben, wenn sie frei von aller ihr fremden Autorität und positiven Satzung einhergeht: und jene allein wahre und allein seelig machende Religion hat, eben weil sie dies ist, nie von irgend einer Philosophie Gefahr zu besorgen: indem ja nothwendig jede Philosophie, wenn sie wahr ist, am Ende mit jener offenbarten Wahrheit übereinstimmen muß; wenn sie hingegen falsch ist, so wird ihr dieses immer aus ihrem eignen Wesen und Gange nachgewiesen werden können, viel gründlicher und unweigerlicher als aus dem Mangel der Uebereinstimmung mit der Religion: zu welcher apagogischen Beweisart ihrer Falschheit also weder zum Heil der Philosophie noch der Religion jemals geschritten werden darf. Wer also eine Philosophie zu unterdrücken strebt, weil er von ihr Gefahr für die Religion besorgt, beurkundet eben dadurch seinen eignen Unglauben und verdient als Ketzer die Ahndung der Inquisition. [I, 375]

Intellekt Die größte wesentliche Unvollkommenheit unsers INTELLEKTS ist, daß er nur EINE Dimension hat, wie die Zeit, eben weil diese seine Form ist. Wir können Alles nur successive erkennen und daher nur Eines zur Zeit uns bewußt seyn; und dieses Einen sind wir uns nur unter der Bedingung bewußt, daß wir alles Andre derweilen vergessen, uns dessen gar nicht bewußt sind, es für uns solange ganz vernichtet ist. Der Intellekt gleicht einem Teleskop mit einem ganz kleinen Gesichtsfelde. [III, 122]

Interessengemeinschaft In der Jugend glaubt der edlere Mensch, die dauernden festen Verhältnisse unter Menschen wären die ideellen d. h. die, welche sich auf Aehnlichkeit der Gesinnung u. s. f. gründen: später sieht man daß es die reellen sind, d. h. die, welche sich auf irgend ein Interesse gründen. Die Mehrzahl der Menschen hat gar keinen Begriff von andern Verhältnissen: Jeder wird behandelt nach der Rolle die ihm die Konvention ertheilt hat: was er als Mensch ist, kommt später zur Sprache. [III, 173]

Interpretation Aus dir sollst du die Natur verstehn, nicht dich aus der Natur. Das ist mein revolutionaires Princip. [I, 421]

Jünger Mir ist unter den Menschen fast immer, wie dem Jesus von Nazareth war, als er die Jünger aufrief, die immer alle schliefen. [I, 355]

Justiz Vor Gericht wird eigentlich nur mit Autoritäten gestritten, die Autorität der Gesetze die fest steht: das Geschäft der Urtheilskraft ist das Auffinden des Gesetzes d. h. der Autorität die im gegebenen Fall Anwendung findet. Die Dialektik hat aber Spielraum genug, indem, erforderlichen Falls, der Fall und ein Gesetz, die nicht eigentlich zu einander passen, gedreht werden, bis man sie für zu einander passend ansieht: auch umgekehrt. [III, 691]

Kant KANT wurde, wegen seiner dunkeln Schreibart, von äußerst Wenigen recht verstanden. Und es ist als ob alle die philosophischen Schriftsteller, welche seit Kant einiges Glück gemacht haben, sich darauf gelegt hätten, noch viel unverständlicher als Kant zu schreiben: Das mußte gelingen! [IV/1, 65]

KANT indem er nur dem aus abstrakten Maximen hervorgegangenen Handeln moralischen Werth zugesteht, ist ein PEDANT. [I, 289]

Katholizismus Die katholische Religion ist eine Anweisung den Himmel zu erbetteln, welchen zu verdienen zu unbequem wäre. – Die Pfaffen sind die Vermittler dieser Bettelei. [III, 163]

Kausalität Das einzige ewig UNERKLÄRLICHE ist das Verhältniß zwischen Grund und Folge; eben weil in der Zurückführung auf dasselbe alle Erklärung besteht, bei demselben aber aufhören muß. Ewig unerklärlich ist daher 1) der Lauf der Zeit, 2) die Gesetze der Lage der Theile des Raums, 3) das Verhältniß zwischen Ursach und Wirkung, 4) die Beziehung eines Urtheils auf seinen Grund, dadurch es wahr ist, 5) die Kraft des Motivs. Alles Andre aber muß erklärbar seyn, wenn es überhaupt Objekt ist. Denn der Satz vom Grund ist nichts andres als DER AUSDRUCK DER ART UND WEISE WIE OBJEKTE FÜR DAS SUBJEKT SIND. Unsinn aber ist es eben darum von einem Grund alles Seyns und Erkennens zu reden: denn Seyn heißt Erkanntwerden, also Objekt seyn: die Art WIE Objekte sind ist uns *a priori* gegeben und wir drücken es durch den Satz vom Grund aus: unsinnig aber ist es, dieses, DASS Objekte überhaupt SIND, auf die Art WIE sie sind zurückführen und aus dieser erklären zu wollen; so daß aus der Art WIE sie sind die Nothwendigkeit DASS sie sind folgte. – [I, 234]

Kinder KINDER kommen mir bisweilen vor wie unschuldige Delinquenten die zum Leben verurtheilt sind, jedoch den Inhalt ihres Urtheils noch nicht vernommen haben. [III, 308]

Klagen Wir haben so despotische Gesinnung daß wir Alles in unser Treiben hineinziehn und zur Theilnahme zwingen möchten. Dazu wäre der einzige Weg die Liebe Andrer zu gewinnen, damit unsre Noth auch die fremde Brust beklemme. Weil das zu weitläuftig ist, wählen wir oft den kürzern Weg und plaudern unsre Noth den Gleichgültigen aus, die sie mit Neugier, aber ohne Theilnahme, viel öfter mit Behagen vernehmen. [I, 33]

Klassenkämpfe Das Leben der großen und vornehmen Welt ist wirklich nichts andres als ein anhaltender, verzweifelter Kampf gegen die Langeweile. Das Leben der niederen Volksklasse ist ein steter Kampf gegen die Noth. Der goldne Mittelstand! [III, 163]

Klugheitsregeln Das Leben ist eine Sprache, in der uns eine Lehre gegeben wird. Könnte diese Lehre uns auf eine andere Weise beigebracht werden, so lebten wir nicht. Nie werden daher Weisheitssprüche oder Klugheitsregeln die Erfahrung ersetzen und so ein Surrogat für das Leben selbst seyn. [I, 13]

Komik Das Leben *en détail* ist immer Lustspiel, wenn es auch noch so verdrießlich ist. [I,192]

Kommunikation Nur die schlechteste Art der Erkenntniß ist MITTHEILBAR, die abstrakte, – der bloße Schatten der Erkenntniß, der Begriff. Wenn ANSCHAUUNGEN MITTHEILBAR wären, da gäbe es eine Mittheilung, die der Mühe lohnte. So muß am Ende Jeder in seiner Haut bleiben und in seiner Hirnschale, und keiner kann dem Andern helfen. [III, 104]

WORTE und BEGRIFFE werden immer TROCKEN seyn: denn das ist ihre Natur. Das wäre thörichte Hoffnung, wenn wir erwarten wollten, die Worte und der abstrakte Gedanken sollten das werden und leisten, was die lebendige Anschauung war und leistete, die den Gedanken hervorrief: er selbst ist nur ihre Mumie, und die Worte der Deckel des Mumiensarges. Hier ist die Gränze der geistigen Mittheilung: das Beste schließt sie aus. [III, 20]

Konservativismus Lebt man in Büchern, so hat man beständig nur die leichte Mittheilung der Gedanken und die schnelle Reaktion der Geister auf einander vor Augen und vergißt leicht wie ganz anders es in der komparativ allein realen Menschenwelt beschaffen sei, glaubt vielmehr jede Erkenntniß gehöre sofort ganz

Europa an. – Aber so oft man nun nur 2 oder 3 Tage mit Extrapost weiterfährt; so findet man jedesmal zu seinem Erstaunen ganz andre Vorurtheile, Wahne, Sitten und Gebräuche als dort woher man kommt, die seit Jahrhunderten hier leben und dort nie gediehen. – Man lernt dann erkennen, wie weit die KLUFT ZWISCHEN DEM VOLKE UND DEN BÜCHERN sei, wie langsam (obwohl sicher) die erkannten Wahrheiten zum Volk gelangen, DAHER IN BEZUG AUF DIE SCHNELLIGKEIT DER FORTPFLANZUNG DEM PHYSISCHEN LICHT NICHTS UNÄHNLICHER IST ALS DAS GEISTIGE. [III, 10]

Konsumterror Unsre beständige UNZUFRIEDENHEIT hat großen Theils ihren Grund darin, daß schon der Selbsterhaltungstrieb, übergehend in Selbstsucht uns die Maxime zur Pflicht macht, stets Acht zu haben auf das was uns abgeht, um danach für dessen Herbeischaffung zu sorgen. Daher sind wir stets bedacht aufzufinden was uns fehlt und darauf unsre Betrachtung zu richten: was wir aber besitzen läßt jene Maxime uns ungestöhrt überschn: daher wir sobald wir etwas erlangt haben, ihm viel weniger Aufmerksamkeit schenken als vorher, selten bedenken was wir besitzen, stets was uns fehlt. [I, 360]

Krach Wenn ich bei so einer Verfolgung unterbrochen werde, besonders durch ein Thiergeschrei das zwischen meine Gedanken hereinfährt wie das Henkerschwerd zwischen Kopf und Rumpf – da empfinde ich eines der Leiden die wir verwirkt haben, als wir mit Hunden, Eseln, Enten in Eine Welt hinabstiegen. [I, 74]

Kriminalität Der erste Verbrecher, der erste Mörder Kain, der die Schuld und durch sie erst in der Reue die Tugend und somit die Bedeutung des Lebens erkannt hat, ist eine tragische Figur, bedeutender und fast ehrwürdiger als alle die unschuldigen Schlaraffen. [I, 133]

Kritik So sehr viel leichter ist widerlegen als beweisen, umwerfen als aufstellen. [III, 117]

Jedoch lese man alle erwähnten Schriften wirklich selbst, aufmerksam und genau und begnüge sich nicht mit Nachrichten aus der 2ten Hand. Denn jeder muß selbst vernommen werden, ehe man ihn verdammt. [III, 352]

Kritiker Um fremden Werth willig anzuerkennen und gelten zu lassen, muß man selbst welchen haben.

[I, 485]

Wenn die Leute, welche das Vortreffliche zu erkennen und zu beurtheilen fähig sind, nicht sehr selten wären, würden dann wohl die Leute, die das Vortreffliche hervorzubringen fähig sind, so unglaublich selten seyn? [III, 24]

Nichts seltner als ein URTHEIL AUS EIGNEN MITTELN! – Am wenigsten aber darf man es suchen bei den Gelehrten von Profession. Ihres Kopfes enger Raum ist angefüllt mit dem Traditionellen: und diesem droht alles eigne Denken Gefahr.

Was darf Der hoffen, der für Selbstgedachtes seinen Ruhm aus den Händen derer empfangen soll, die nie selbst denken konnten und diesen Mangel durch das Traditionelle ersetzen wollen, dessen Bewahrer sie sind? – Daß eine unbefangene Jugend heranwächst, und daß es Ausnahmen giebt. – Ausnahmen sind nur für Ausnahmen, und in einer Lumpenwelt, wie diese, muß man in Allem ausnahmsweise leben. [III, 286]

Kultur Glaubt ihr daß *Shakespear* und Göthe gedichtet oder Platon philosophirt und Kant die Vernunft kritisirt hätte, wenn sie in der sie umgebenden wirklichen Welt Befriedigung und Genüge gefunden hätten, und ihnen wohl darin gewesen wäre und ihre Wünsche erfüllt worden? [I, 488]

Kultusminister Mich haben die Unterrichtsministerien nicht brauchen können: und ich danke dem Himmel, daß ich kein solcher bin, den sie brauchen könnten. Sie können eigentlich nur Solche brauchen, die sich brauchen lassen. [IV/1, 288]

Kunst Für die Anschauung also beantwortet jedes Kunstwerk jene Frage, jedes Gemählde, jede Statue, jedes Gedicht, jede Scene auf der Bühne, und eben so jede Musik, indem sie das innerste Wesen des Lebens in einer unmittelbar verständlichen, aber in die der Vernunft nicht übersetzbaren Sprache wiedergiebt. [III, 390]

Kunsthandwerk Gebäude und Geräthe sollen nicht nach der Natur gearbeitet seyn; sondern ihre Formen sollen im Geist der Natur erfunden seyn. [III, 84]

Langeweile Die objektive Langweiligkeit einer Schrift gründet sich allemal darin daß der Autor keine vollkommen deutliche Einsicht hat die er mittheilen will. Hat er diese, so arbeitet er auf seinen Zweck, die Mittheilung des von ihm deutlich Erkannten, in grader Linie hin und ist weder weitschweifig, noch nichtssagend, noch konfus, folglich nicht langweilig. Daher ist eine objektiv langweilige Schrift immer auch sonst ohne Werth: eine objektiv kurzweilige, nie ganz ohne Werth, weil ihr Grundgedanke, wenn auch ein Irrthum, doch deutlich gedacht und überlegt seyn muß.

Subjektive Langweiligkeit gründet sich in Mangel an Interesse für den Gegenstand im Leser, und dieser immer in irgend einer Beschränktheit: subjektiv langweilig kann das Vortrefflichste seyn, nämlich diesem oder jenem: so auch das Schlechteste diesem oder jenem subjektiv-kurzweilig, weil ihn der Gegenstand interessirt. [I, 491]

Leben Wo nur ein Lebendes sich rührt oder vegetirt ist gleich ein andres Lebendes da es zu verschlingen.

[III, 319]

Lebenslust Betrachtet man die alles übersteigende Anhänglichkeit an das Leben, wie sie sich zeigt durch die unglaubliche Angst in Todesnöthen, durch die so schnelle und ernste Theilnahme, welche Todesgefahr bei Jedem erregt, durch den gränzenlosen Jubel bei

Errettung aus solcher Gefahr, durch das starre Entsetzen welches ein Todesurtheil herbeiführt und durch das mit Grausen vermischte tief erschütternde Mitleid mit welchem wir die Anstalten zu dessen Vollziehung ansehen; – betrachtet man dieses alles und überlegt zugleich wovon denn eigentlich bei dem allen die Rede sei, nämlich von einigen Jahren mehr einer so traurigen, leeren, mit Plagen aller Art durchflochtenen und stets ungewissen Existenz: – dann wird man auch von dieser Seite die Bestätigung erhalten, daß ich ganz recht gehabt habe, als das schlechthin Unerklärliche, selbst aber jeder Erklärung zum Grunde zu Legende den WILLEN ZUM LEBEN zu setzen. [III, 313]

Lebensqualität Ueber die Uebel des Lebens tröstet man sich mit dem Tode, und über den Tod mit den Uebeln des Lebens. Eine angenehme Stellung. [III, 170]

Wem man sagte, daß das Leben von einem Ende zum andern nichts seyn soll als eine fortgesetzte Lektion, deren Resultate noch dazu meist negativ ausfallen; der könnte antworten: so wollte ich schon dieserhalb daß man mich in der Ruhe des allgenugsamen Nichts gelassen hätte, wo ich weder Lektionen noch sonst etwas nöthig hatte. [III, 170]

Alle Menschen wollen leben, aber keiner weiß, weshalb er lebt. [IV/2, 2]

Leibnitz So widerspricht dem *Leibnitz*schen Optimismus das augenfällige Elend des Daseyns: Die Lehre der Wolfischen Philosophie daß der Mensch nicht das Werk seines eigenen, sondern eines fremden Willens sei, ist unvereinbar mit der unbezweifelten moralischen Zurechnungsfähigkeit des Menschen da er handelt nachdem er ist: und hat er seine *essentia* und *existentia* von einem Andern, so fällt auf diesen die Schuld seiner Vergehen und seiner Schlechtigkeit zurück. [III, 185]

Leidenschaft Die Zuneigung zweier Personen verschiedenen Geschlechts IST schon der Lebenswille des neuen Individuums, das sie zeugen können und möchten, der sich beim Zusammentreffen ihrer Blicke schon regt: – Die Abneigung zwischen ihnen zeigt an, daß was sie zeugen müßten, wenn es zu Stande käme, ein schlecht gebildetes, trauriges, in sich disharmonisches, unglückliches Wesen wäre. [III, 14]

Lesen LESEN heißt seine Gedanken von einem Andern am Gängelbande führen lassen. – Die allermeisten Bücher sind bloß gut zu zeigen, wieviele Irrwege es giebt und wie toll man sich verlaufen könnte, wenn man sich vom Andern leiten ließe. [III, 38]

Lexika Soll man KOMPILATOREN NIE LESEN; sondern bloß aufschlagen der Citate wegen: das übrige ist Arschwisch. [III, 15]

Liebe Seht den WILLEN ZUM LEBEN, im reinsten Ausdruck seiner Bejahung und den sich sehnsuchtsvoll begegnenden Blicken zweier Liebenden: wie ist er so sanft und zärtlich! Wohlseyn will er und ruhigen Genuß, und sanfte Freude für sich, für Alle. So lockt und schmeichelt er sich selbst ins Leben hinein: – (Anakreon besingt ihn) und ist er darin, so zieht die Quaal das Verbrechen und das Verbrechen die Quaal herbei; Gräuel und Verwüstung füllen den Schauplatz. (Aeschylos besingt ihn.) [III, 203]

Die Gunst eines sehr schönen Weibes durch seine Persönlichkeit allein zu gewinnen, ist vielleicht ein noch größrer Genuß für die Eitelkeit als für die Sinnlichkeit, indem man die Gewißheit erhält daß die eigne Persönlichkeit ein Aequivalent für jene über alle andern geschätzte bewunderte, vergötterte Person sei. Darum auch ist verschmähte Liebe so schmerzlich besonders wenn mit gegründeter Eifersucht vereint.

An jener Freude wie an diesem Schmerz hat wahrscheinlich die Eitelkeit mehr Antheil als die Sinnlichkeit, weil nur etwas Geistiges, ein Gedanke, nicht bloße Sinnenlust uns so heftig erschüttern kann. Auch kennen die Thiere wohl die Lust, nicht aber jene leidenschaftlichen Freuden und Leiden der Liebe. [I, 402]

List Jedes Unrecht geschieht entweder durch Gewalt oder durch List. Durch erstere zwinge ich physisch das fremde Individuum meinem statt seinem Willen zu dienen: die List erreicht dasselbe dadurch daß sie ihm SCHEIN-MOTIVE UNTERSCHIEBT, also durch das Medium der Erkenntniß in welcher seine Motive liegen auf ihn wirkt. Hieher gehört alle LÜGE: sie bezweckt immer Einwirkung auf den fremden Willen nicht auf seine Erkenntniß allein: denn sie selbst bedarf eines Motivs und das kann nur der fremde Wille, nicht dessen bloße Erkenntniß an sich und als solche seyn:

selbst jede bloße Windbeutelei bezweckt durch erhöhte Achtung auch größern Einfluß auf fremde Willen. Jede Lüge ist also Unrecht. Zwar habe ich kein Recht auf fremde Wahrheit, aber eines nicht belogen zu werden. Wer mir den Weg zu zeigen sich weigert, ist bloß ungefällig: wer mir den falschen zeigt thut mir Unrecht.

[I, 490]

Literaturgeschichte Die LITERARGESCHICHTE ist der Katalog eines Kabinets von Misgeburten (dessen specieller Katalog mich nicht interessirt). Schweinsleder ist der Spiritus, in dem sie sich am längsten halten. Die wenigen wohlgerathenen Geburten hat man nicht dort zu suchen: die sind AM LEBEN geblieben und man begegnet ihnen überall in der Welt. [III, 177]

Lobbyismus Statt durch Gründe auf den Intellekt, wirke man durch Motive auf den Willen, und der Gegner, wie auch die Zuhörer, wenn sie gleiches Interesse mit ihm haben, sind sogleich für unsre Meinung gewonnen, und wäre diese aus dem Tollhause geborgt: denn meistens wiegt ein Loth Wille mehr als ein Centner Einsicht und Ueberzeugung. Freilich geht dies nur unter besondern Umständen an. Kann man dem Gegner fühlbar machen, daß seine Meinung, wenn sie gültig würde, seinem Interesse merklichen Abbruch thäte; so wird er sie so schnell fahren lassen, wie ein heißes Eisen, das er unvorsichtigerweise ergriffen hatte. Z. E. ein Geistlicher vertheidigt ein philosophisches Dogma: – man gebe ihm zu vermerken, daß es mittelbar mit einem Grunddogma seiner Kirche in Widerspruch steht, und er wird es fahren lassen.

Ein Gutsbesitzer behauptet die Vortrefflichkeit des Maschinenwesens in England, wo eine Dampfmaschine vieler Menschen Arbeit thut: man gebe ihm zu verstehen, daß bald auch die Wagen durch Dampfmaschinen gezogen werden werden, wo denn die Pferde seiner zahlreichen Stuterei sehr im Preis sinken müssen; – und man wird sehn. [III, 692]

Logik LOGIK ist praktisch unnütz: denn FALSCHE SCHLÜSSE sind eine große Seltenheit: FALSCHE URTHEILE aber das alltäglichste und gewöhnlichste: die lehrt keine Logik zu berichtigen. [III, 101]

Männlichkeitswahn Ehemänner sind meistens umgekehrte Papagenos: denn wie diesem sich, mit bewundernswerther Schnelligkeit, eine Alte in eine Junge verwandelt, so ihnen mit bewundernswerther Schnelligkeit eine Junge in eine Alte. [IV/2, 120]

Mathematik Sie hören nicht auf, die Zuverlässigkeit und Gewißheit der MATHEMATIK zu rühmen. Aber was hilft es mir, noch so gewiß und zuverlässig etwas zu wissen, daran mir gar nichts gelegen ist. [III, 76]

Medizin Das RECEPT DES ARZTES ist grade so viel wie ein Loos in der Lotterie: – es KANN das rechte seyn. [III, 156]

Mehrheit Man fühlt, DASS, GERECHTERWEISE, EIN WESEN, DAS KEINE ANDERN EIGENSCHAFTEN HAT ALS DIE DER SPECIES, AUCH AUF KEIN ANDRES DASEYN ANSPRUCH MACHEN DARF, ALS AUF EIN DASEYN IN UND DURCH DIE SPECIES. Das ist der tiefste Grund der Sache. Darum richtet der Mensch, der sich ausgezeichnet, originell fühlt, das Haupt empor, er wird stolz. Ich habe gesagt: den Menschen zeichnet vor allen Thieren aus INDIVIDUALITÄT DES KARAKTERS. Aber wie blutwenig Individuelles ist denn in den Meisten? Ihr Wollen und Denken, wie ihre Gesichter, ist das der Species, ist trivial, gemein, alltäglich, TAUSEND MAL VORHANDEN, vorherzusagen, ohne eigenthümliches Gepräge: sie sind

Fabrikwaare. Wie ihr Wesen, so muß ihr Daseyn in der Species begriffen seyn: das ist der Fluch der Gemeinheit. Er setzt den Menschen dem Thiere gleich, indem er ihm Wesen und Daseyn nur in der Species zugesteht. [III, 73]

Menschenverstand Die Anschauungen zu allen jenen Begriffen soll nun die Erfahrung hinterher bringen. Ehe sie das gethan, werden aber alle jene Begriffe falsch angewandt und daher die Dinge und Menschen falsch beurtheilt, falsch gesehn, falsch behandelt, so werden durch die Erziehung schiefe Köpfe. Daher treten wir, nach langem Lernen und Lesen, so einfältig und verschroben in die Welt, bald ängstlich, bald vermessen, den Kopf voll Begriffe, die wir nun anzuwenden suchen, sie aber fast immer verkehrt placiren. Dies ist die Folge, wenn man durch ein ὑστεϱον πϱοτεϱον, dem natürlichen Gange des Geistes grade entgegen, die Begriffe zuerst und die Anschauungen zuletzt erhält. Nachher muß nun eine lange Erfahrung dienen, alle jene durch falsche Anwendung der Begriffe entstandne Urtheile zu berichtigen. Das gelingt selten ganz. Daher so wenige Gelehrte den *bon sens* haben, der bei ganz Ungelehrten häufig ist. [III, 261]

Menschenwürde Die sogenannten Menschen sind fast durchgängig nichts andres als Wassersuppen mit etwas Arsenik. [I, 397]

Menschheit Der Tod des Sokrates und die Kreuzigung Christi gehören zu den großen Karakterzügen der Menschheit. [III, 177]

Mitleid MITLEIDEN ist also, wenn es sich durch die That als ächt bewährt, Tugend. Eine der größten Schwächen und Fehler KANTS ist daß er dies leugnet und nur die aus abstrakten Maximen, ja gar aus dem abstrakten Begriff eines KATEGORISCHEN IMPERATIVS hervorgegangnen guten Handlungen für Tugend hält. Das ist eben so, als wenn Einer lehrte, nur das nach den abstrakten Grundsätzen und Regeln einer Aesthetik verfertigte Kunstwerk sei schön. Vielmehr ist von jenem wie von diesem das grade Gegentheil wahr. Der Begriff (die Vernunft) ist als QUELLE für die Tugend wie für die Kunst völlig unfruchtbar, obwohl er in beiden oft täuschende Aftergeburten erzeugt. Als Mittel aber und Werkzeug ist er in beiden nützlich ja zur Ausführung nothwendig.

[I, 295]

Mttelmaß Wo und wie auch immer das Vortreffliche auftritt; gleich ist die gesammte Mittelmäßigkeit verbündet und verschworen, es zu ersticken. [III, 56]

Motivation Oft wird Einer, der mich zu dem zu überreden sucht, was SEINEM Vortheil und nicht MEINEM gemäß ist, selbst glauben daß seine EINSICHT seine Rede lenke und nicht seine ABSICHT, d. i. sein Wille: dann ist es gut, daß ICH merke, welches der Ursprung sei, wenn er selbst auch darin irrt. Er kann dabei so weit gehn offenbare Lügen zu sagen, ohne sich für den Augenblick dessen bewußt zu seyn. So sehr lenkt der Wille die Erkenntniß. Also: Mancher glaubt aus Einsicht zu reden und redet bloß aus Absicht: und sein eignes Zeugniß hierüber ist ungültig: aber das Zeugniß seines Interesses ist gültig. [III, 44]

Nachmacher Für die KUNST, also auch für die PHILOSOPHIE, ist DAS LEBEN, DIE WELT, die einzige Quelle. Durch Kopiren fremder Bilder wird kein wahrer Mahler, durch Lesen fremder Werke kein wahrer Dichter, auch kein Philosoph; sondern auf diesem Wege entstehn die zahllosen *imitatores.* [I, 268]

Nacktheit Schöne Menschen werden ihren Körper am liebsten gar nicht oder so wenig und so leicht als möglich verhüllen: häßliche hingegen durch die Kleidung und Schmuck sich aufhelfen wollen. Eben so wird ein großer und vorzüglicher Geist streben sich auf die einfachste, faßlichste, deutlichste Weise mitzutheilen.

SCHRIFTSTELLER hingegen die sich keines sonderlichen Werths und Gehalts ihrer Gedanken bewußt sind, bedienen sich eines SCHWIERIGEN, KRAUSEN, VERWICKELTEN PERIODENBAUS, schleppen lange ungewöhnliche Worte zusammen, kleiden triviale Gedanken in dunkle Phrasen: wenn man es liest, ist es, als sähe man einen ganz jämmerlichen, winzigen, schwindsüchtigen, mißgeschaffenen Menschen in einem prächtigen, barbarischen, reichen, bunten Ornat daherschreiten. [I, 352]

Napoleon *Bonaparte* ist wohl eigentlich nicht schlechter als viele Menschen, um nicht zu sagen als die meisten. Er hat eben den ganz gewöhnlichen EGOISMUS sein Wohl auf Kosten Anderer zu suchen. Was ihn auszeichnet ist bloß die größere Kraft diesem Willen zu genügen, größerer Verstand, Vernunft, Muth, wozu der Zufall ihm noch einen günstigen Spielraum schenkte. Durch alles dies that er für seinen Egoismus was Tausend andre für den ihrigen wohl möchten, aber nicht können. Jeder schwache Bube der durch kleine Schlechtigkeiten einen geringen Vortheil zum Nachtheil Andrer, wenn auch dieser Nachtheil eben so gering ist, sich verschafft, ist eben so schlecht als *Bonaparte.* Die welche eine Vergeltung nach dem Tode wähnen, würden verlangen daß *Bonaparte* durch unsägliche Quaalen alle unzählbaren Leiden büßte die er verursacht hat. Aber er ist nicht strafbarer als alle die welche denselben Willen haben, nur nicht mit derselben Kraft. Dadurch daß ihm diese seltne Kraft beigegeben ist, hat er die ganze Bosheit des menschlichen Willens offenbart: und die Leiden seines Zeitalters, als die nothwendige andre Seite davon, offenbarten den Jammer der mit dem böse Willen, dessen Erscheinung im Ganzen diese Welt ist, unzertrennlich verknüpft ist. [I, 202]

Naturrecht Diese Anwendung des Naturrechts kann mit Rücksicht auf eigenthümliche Verhältnisse und Umstände eines bestimmten Volks geschehn und auf besondre Umstände: doch muß jede Satzung noch immer im Naturrecht ihren Grund haben: widrigenfalls entsteht kein POSITIVES RECHT, sondern ein POSITIVES UNRECHT, dergleichen z. B. die Leibeigenschaft und angeborne Vorrechte, Adel, ist. [I, 383]

Naturschönheit Jedes reißende Thier ist ein lebendiges Grab von Tausend und Tausend Lebenden. Sich nähren, und morden, ist bei ihm Eins. Seine bloße Selbsterhaltung ist eine Kette von Martertoden andrer

Wesen, denn *ce meilleur des mondes possibles* besteht dadurch daß Eins das Andre auffrißt. [III, 190]

Naturwissenschaft Empirische Wissenschaften verfolgt rein ihrer selbst wegen, ohne philosophische Tendenz, sind wie ein Antlitz ohne Augen. [III, 82]

Neid Nichts ist so unversöhnlich und so grausam wie der NEID: und doch sind wir unaufhörlich hauptsächlich bemüht NEID zu erregen. [III, 163]

Neudeutsch An der unglaublichen Schnelligkeit, mit welcher jeder neu ersonnene Sprachschnitzer in Umlauf kommt und, ehe man noch vom ersten Schreck über ihn sich erholt hat, uns schon aller Orten entgegenstarrt, sieht man was unsre Skribler lesen, nämlich nichts Anderes, als das so eben frisch Gedruckte: das ist ihre einzige Lektüre. Darum denken sie und schreiben sie Einer genau so wie der Andre. [IV/2, 70]

Notwehr DAS RECHT ZU LÜGEN erstreckt sich beträchtlich weiter als ich es in meinem Werke angegeben habe, nämlich es tritt ein bei JEDER UNBEFUGTEN FRAGE welche die persönlichen Verhältnisse des Gefragten betrifft und dadurch VORWITZIG ist. Wir haben nämlich alle das Recht, dasjenige aus unsern Verhältnissen geheim zu halten, was, offen liegend, den Angriffen Andrer ausgesetzt wäre, deren bösen Willen wir immer als möglich annehmen müssen. [III, 303]

Novitäten Das große Publikum meynt es sei mit den Büchern wie mit den Eiern: sie müssen frisch genossen werden; daher greift es stets nach dem Neuen. [IV/1, 215]

Obskuranten OBSKURANTEN: sind Menschen, welche die Lichter auslöschen wollen, um stehlen zu können. –

Obskuranten im Pfarrerkleide haben alle Jahrhunderte gesehn, aber im Philosophenmantel hat keines sie aufzuweisen als das unsrige. Und da die Philosophie das Edelste ist was die Menschheit aus sich hervorgebracht hat, so scheint mir jenes Verkaufen derselben eine so profane Entweihung wie die desjenigen, der zur Eucharistie gieng, seinen leiblichen Hunger und Durst zu stillen. [III, 426]

Ökumene Kaum haben die Regierungen DEN PFAFFEN wieder auf die Beine geholfen; so liegen diese sich auch wieder in den Haaren. Das freut mich herzlich. [IV/1, 215]

Offenbarung Schon das Auftreten als offenbarte Wahrheit ist der Stempel des Betrugs und fordert den Denker zur Feindschaft auf. [III, 279]

Optimismus Ein Optimist heißt mich die Augen öffnen und sehn wie schön die Welt ist an Bergen, Pflanzen, Luft, Thieren – u. s. f. – Diese Dinge sind freilich schön zu SEHN; aber sie zu SEYN ist ganz etwas andres. Ist denn die welt ein Kuckkasten? [III, 172]

Orgasmus Wenn man mich frägt, wo denn die INTIMSTE ERKENNTNISS jenes innern Wesens der Welt, jenes Dinges an sich, das ich den WILLEN ZUM LEBEN genannt habe, zu erlangen sei?, oder wo jenes Wesen am deutlichsten ins Bewußtseyn tritt?, oder wo es die reinste Offenbarung seines Selbst erlangt? – so muß ich hinweisen auf die WOLLUST IM AKT DER KOPULATION. Das ist es! Das ist das wahre Wesen und der Kern aller Dinge, das Ziel und Zweck alles Daseyns. Daher auch ist es, für die lebenden Wesen, *subjective*, das Ziel alles ihres Thuns, ihr höchster Gewinn; und ist *objective* das Welterhaltende, denn die Unorganische Welt hängt an der organischen durch die Erkenntniß. Daher die Andacht zum *Lingam* und zum *Phallus*. [III, 240]

Pädagogik Ich rede bisweilen mit Menschen so wie das Kind mit seiner Puppe redet: es weiß zwar daß die Puppe es nicht versteht; schafft sich aber, durch eine angenehme wissentliche Selbsttäuschung, die Freude der Mittheilung. [I, 402]

Pantheismus Das wäre ein sauberer GOTT, der verkörpert nichts Besseres darstellte, als diese zappelnde, leidende, blutende, sterbende Welt, deren Wesen eines das andre fressen und nur dadurch bestehn. [IV/I, 142]

»Gott und die Welt ist Eins«, – ist bloß eine höfliche Wendung dem Herrgott den Abschied zu geben. [IV/1, 19]

Ueberhaupt ist der Pantheismus nur ein höflicher Atheismus. [IV/1, 126]

Papst Daß es mit der Philosophie ERNST seyn kann, davon hat in der Regel niemand weniger Ahnung als ein Docent der Philosophie; so wie in der Regel niemand weniger an das Christenthum glaubt als der Papst. [III, 146]

Parlamentarier Es läuft zuletzt darauf hinaus daß sie bei jedem neuen Satz nicht dessen Gründe, sondern dessen Folgen erwägen. [I, 305]

Pessimismus Sie schreien über das MELANCHOLISCHE UND TROSTLOSE MEINER PHILOSOPHIE; das liegt aber bloß darin, daß ich, statt als Aequivalent ihrer

Sünden eine künftige Hölle zu fabeln, gezeigt habe, daß wo die Sünde ist, in der Welt, auch schon etwas Höllenartiges sei. [III, 60]

Philanthropie Wer sagt daß er der Menschen wegen arbeite, heuchelt: die Pfuscher arbeiten des Gewinns halber; die Berufenen wegen der Freude an ihrem Talent. [III, 449]

Man soll die Menschen lieben. Eine schwere Aufgabe! – [IV/1, 107]

Philosophicum Die PHILOSOPHIE-PROFESSOREN sollen einsehn lernen, daß die Philosophie andre Zwecke hat, als den, die Erziehung der künftigen Referendarien, Pastöre und Hausärzte zu vollenden. [IV/2, 29]

Philosophie Was macht den Philosophen? Der Muth keine Frage auf dem Herzen zu behalten. [I, 126]

Philosophie als Kunst Eine WISSENSCHAFT kann jeder erlernen, wenn auch der Eine mit mehr, der Andre mit weniger Mühe. Aber von der KUNST erhält jeder nur soviel als er, nur unentwickelt, mitbringt. Was helfen einem Unmusikalischen Mozartsche Opern? was sehn die Meisten an der Raphaelschen Madonna? Und wie viele schätzen Göthe's Faust nicht bloß auf Autorität? – Denn die Kunst hat es nicht wie die Wissenschaft bloß mit der Vernunft zu thun, sondern mit dem innersten Wesen des Menschen, und da gilt Jeder nur soviel als er wirklich ist. Eben dies nun wird der Fall seyn mit meiner Philosophie; denn sie wird eben PHILOSOPHIE ALS

Kunst seyn; Jeder wird davon genau nur soviel verstehn als er selbst werth ist: im Ganzen wird sie daher Wenigen wirklich gefallen, und wird *paucorum hominum* seyn, was ein großer Lobspruch ist.

Freilich wird den Meisten diese Philosophie als Kunst sehr ungelegen seyn. Allein ich dächte wir könnten schon historisch aus dem Mißlingen aller Philosophie als Wissenschaft, d. h. nach dem Saz vom Grunde, versucht, seit 3000 Jahren, wohl abnehmen daß auf dem Wege sie nicht zu erreichen ist. [I, 186]

Philosophie & Dichtung Der Dichter bringt Bilder und Situationen des Lebens und menschliche Charaktere vor die Phantasie, die er in Bewegung setzt, und überläßt nun Jedem bei diesen Bildern so viel und so weit zu denken, als dessen Geisteskraft vermag: darum kann er Thoren und Weisen zugleich genügen und überhaupt Menschen von den verschiedensten Fähigkeiten. Hingegen der Philosoph bringt nicht jene Realitäten (die Bilder des Lebens), sondern die daraus von ihm abstrahirten Gedanken und fordert nun, daß Jeder eben so weit denke als er: darum muß sein Publikum klein seyn. – Insofern steht er sehr im Nachtheil: Dagegen ist der Beifall, den er erntet, der Beifall der Denker, der Auserwählten langer Zeiträume. Daher flößt ein großer Philosoph viel mehr Ehrfurcht ein als ein großer Dichter. Aber die Menge kann nie mehr als seinen Namen auf Autorität, mit dumpfer Ahndung seines Verdienstes verehren. [III, 193]

Philosophie & Fortschritt Die Philosophie ist in dem Fortgang des menschlichen Wissens, folglich auch in dessen Geschichte, das was in der Musik der Grundbaß. Wie jede einzelne musikalische Periode oder Lauf dem Ton entsprechen muß zu dem der Grundbaß eben fortgeschritten ist; so muß jeder Schriftsteller, in welchem Fach es auch sei, das Gepräge tragen der Philosophie, die zu seiner Zeit herrscht; sie sei wie sie wolle. [III, 81]

Philosophie & Kunst Der Philosoph vergesse nie daß er eine Kunst treibt und keine Wissenschaft. Läßt er sich im mindesten von jenem Sturm von der Stelle rücken, läßt er sich auf Ursach und Wirkung, auf früher und später, oder gar auf Abspinnen aus Begriffen ein; so ist ihm die Philosophie verloren, und an ihrer Statt werden ihm Mährchen. Nicht dem Warum gehe er nach wie der Physiker, Historiker und Mathematiker; sondern er betrachte blos das Was, lege es in Begriffen nieder (die ihm sind was der Marmor dem Bildner) indem er es sondert und ordnet, jedes nach seiner Art, treu die Welt wiederholend, in Begriffen, wie der Mahler auf der Leinwand. [I, 154]

Philosophie & Wissenschaft Den Vorwurf der UNSICHERHEIT der Metaphysik, vermöge deren jedes metaphysische System doch noch immer wenigstens dem Zweifel Raum läßt, könnte man abwehren durch die Bemerkung, daß er alle Wissenschaften trifft, mit Ausnahme der Mathematik und Logik: Naturwissenschaft und Geschichte lassen immer noch dem Zweifel Raum und ihre Systeme besonders die der Chemie, Physik, Geologie, Zoologie, Botanik sind so wandelbar, als die metaphysischen also ist kein Wissen SICHER, als das *apriori*, und keines *a priori* als Mathematik und Logik. Danach würde dann Metaphysik zu den Wissenschaften *a posteriori*, also zu den Erfahrungswissenschaften gehören. Dies hat man eigentlich nie zugeben wollen, sondern behauptet, sie wäre *a priori* und zwar aus bloßen Begriffen. Aber woher sind denn diese Begriffe geschöpft? Sind sie nicht aus der Erfahrung, so müßten sie aus reiner Anschauung seyn, und wir sind wieder bei der Mathematik. Aus Begriffen läßt sich nicht mehr SCHÖPFEN ALS DIE ANSCHAUUNG ENTHIELT, VON DER SIE ABGEZOGEN sind. Diese muß aber eine empirische seyn wenn sie mehr enthalten sollte als die Eigenschaften des Raumes und der Zeit und der Kausalität. Das Vorgeben einer aus bloßen Begriffen entwickelten und daher *apriori* erkannten Metaphysik ist daher nothwendig eitel. Denn die Begriffe sind nirgends das Erste. [III, 152]

Philosophie-Professoren Nichts schadet der PHILOSOPHIE mehr, als die besoldeten PROFESSOREN DERSELBEN, welche glauben, von Amts wegen eigne Gedanken haben zu müssen, und nun, statt schlicht zu lehren, was Andre gedacht haben, mit ihrem Dareinreden und ihren ungewaschnen Einfällen, zumal da ihrer, gegen Einen Philosophen, etwa Tausend sind, – den Gang der Forschung ungemein hemmen, – auch, weil man sie für Philosophen hält, die Philosophie dem Volke verächtlich machen. [IV/1, 118]

Die PHILOSOPHIE-PROFESSOREN könnten allenfalls etwas nützen, wenn sie sich begnügten redlich zu lehren, was die ächten PHILOSOPHEN gedacht haben:

aber sie wollen selbst für PHILOSOPHEN gelten, daher mitreden, und bringen nun das abgeschmackteste Zeug zu Markt; wie seit 50 Jahren in Deutschland. Und sogar, was das bloße Lehren betrifft, so wird selbst der schönste und wahrste philosophische Gedanke geschwächt, wenn er durch so einen ALLTAGSKOPF durchgegangen ist. Dieserhalb ist auch aus all den GESCHICHTEN DER PHILOSOPHIE gar nichts zu lernen. Die Gedanken, die hinter den hohen, gewölbten Stirnen, unter welchen leuchtende Augen glänzten, geboren sind, kommen, wenn verpflanzt unter jene flachen Schädel, aus denen trübe Schweinsaugen spähen, so um alle Kraft und alles Leben, daß sie sich selbst nicht mehr ähnlich sehn. Eine Stunde mit Lesen in einem wirklichen Philosophen zugebracht, wird zu seinem Verständniß mehr leisten, als ein ganzer Band darüber von Herrn Tennemann, Tiedemann, Buhle, Ritter u. s. f. Eine sehr geringe Lektüre in einigen wenigen Scholastikern giebt von diesen Leuten viel richtigere Begriffe als das Gekaue der erwähnten Alltagsköpfe. Und nun sind die Herren noch gar PRAGMATISCH und wollen zeigen, warum dieser und jener Philosoph so und nicht anders denken konnte und mußte, also sie alle gleichsam übersehen! Die Sünder! Des nichtswürdigen Scharlatans Hegel zu geschweigen, der sie *a priori* konstruirt. [IV, 241]

Pornographie Die Dummen möchten gern, daß die Klugheit für unmoralisch gälte. [IV/2, 23]

Pragmatismus Es ist oft gesagt, daß man der WAHRHEIT nachspüren soll, auch wo kein Nutzen von ihr abzusehn, weil dieser mittelbar seyn und sich zeigen kann wo man ihn nicht erwartet. Jedoch finde ich noch hinzuzusetzen, daß man auch eben so sehr bestrebt seyn soll jeden IRRTHUM aufzudecken und auszurotten, auch wo kein Schaden von ihm abzusehn, weil dieser sehr mittelbar seyn und sich einst zeigen kann wo man ihn nicht erwartet. [I, 489]

Praktiker Der Gewöhnliche sieht an den Dingen doch nur das recht deutlich was irgend eine Beziehung auf ihn selbst, auf seine Zwecke, hat: beim Uebrigen wird sein Intellekt träge: dasselbe bleibt daher im Hintergrund, es tritt nicht deutlich ins Bewußtsein, es erregt nicht seine Aufmerksamkeit: die Philosophische Verwunderung und das künstlerische Ergriffenseyn von der Erscheinung bleiben ihm fremd: er wird nicht durch den Anblick der Welt affizirt und zum Nachdenken oder Nachbilden erregt; sondern alles das was jene höher Begabten frappirt, ja beunruhigt, scheint ihm sich von selbst zu verstehn, und er ist wie der Müller, der das Klappern der Mühle nicht mehr hört oder wie wir alle, die das Fliegen der Erde nicht spüren. Selbst der KLUGE KOPF, der im praktischen Leben zu großen Rollen berufen ist, wird grade nur dadurch, daß die Objekte seinen Willen lebhaft anregen, zum rastlosen Nachforschen ihrer Beziehungen und Verhältnisse getrieben; auch bei ihm also ist der Intellekt noch fest an den Willen gewachsen. Darum sind große Staatsmänner und Feldherrn von Grund aus andrer, eigentlich viel niedrigerer Art als große Denker und Dichter und tausend Mal häufiger: jedes Zeitalter findet sie, sobald es ihnen Spielraum gestattet und Gelegenheit giebt. Aber mit großen

Dichtern, Künstlern und Philosophen geizt die Natur ganz anders. [III, 419]

Preise Die schönen Künste durch Geldbelohnungen, Preisvertheilungen, Akademien, Gesellschaften der Kunstfreunde, welche Stümpereien kaufen und verspielen, – u. dgl. m. aufmuntern zu wollen, ist ganz zweckwidrig und gereicht der Kunst zum Nachtheil. Denn dadurch muntert man Die auf, welche nicht die Kunst, sondern das Geld lieben, und ruft sonach zahllose Machwerke der Unberufenen ins Daseyn, deren unübersehbare Menge dem ächten Talent das Bekanntwerden erschwert zumal da jene Geld-Künstler sich auf Mittel und Ränke verstehn, zu denen der Mann von Talent nicht geeignet ist. [IV/1, 177]

Prinzip Hoffnung In Prosa und Versen, im gemeinen Leben und in Büchern ist gar oft die Rede von einer besseren Welt; welches anzeigt, daß man voraussetzt, kein vernünftiger Mensch könne die gegenwärtige für die beste halten: diese Behauptung, welche den Optimismus ausmacht, gehört also zu jenen Rasereien, welche auszusprechen die Philosophen allein privilegirt sind. [III, 31]

Professoren Die Professoren der Philosophie sind den Fortschritten dieser entschieden hinderlich, nicht bloß weil sie in der Regel ohne Talent sind: dies gilt auch von den Andern, die als philosophische Schriftsteller auftreten: und die Entfernung der Unberufenen ist eben so unmöglich als wünschenswerth. Sondern die Professoren bringen nicht, wie doch meistens die Andern, Ehrlichkeit und *bonne foi* zur Sache: da die Philosophie ihr ERWERB ist, und ihnen natürlich ihr Auskommen und Fortkommen mehr am Herzen liegt als die abstrakte Göttin Wahrheit; da ferner die Philosophie Einfluß auf die öffentliche Meinung und den Staat hat; so folgt, daß sie ihre Philosopheme und ihre Urtheile über Philosophien modeln werden nach den Aussprüchen ihrer Politik, sie werden daher bei jedem Satz und jedem Urtheil zuvörderst an den Herrn Minister des Kultus und seine Räthe denken, dann an sonstige Vorgesetzte, dann an werthe Kollegen und sonstige Gevatter, dann an Verleger, Buchhändler, Redakteure von Journalen, und erst ganz zuletzt an die eigentliche ernste Wahrheit, die folglich erst zugelassen wird, nachdem die Andern aufgeräumt haben und der Tisch leer ist. [IV/1, 128]

Protestantismus Das alles kann freilich nur eine Religion leisten die ernstlich geglaubt wird und reich an geträumten Göttern und Heiligen ist und viele Ceremonien fordert: nicht kann es ein platter, abstrakter, streng monotheistischer und vernünftiger Protestantismus: daher Göthe vollkommen recht hat in dem was er in seinem Leben über die Sakramente der Katholiken und Protestanten sagt. Unsre Zeit, wo die Religion fast ganz erstorben ist, entbehrt jener zauberischen Unterhaltung. Doch ist die Befreiung von Irrthümern, selbst wenn sie beglückten, immer Gewinn. Auch hat jener Götter- und Heiligen-Dienst überall den Nachtheil, daß man bei vorkommenden Unfällen, statt thätig ihnen entgegenzuarbeiten, Kräfte und Zeit auf Gebete und Opfer verwendet. [I, 370]

Radikalenerlaß Die Philosophie nach dem Willen der Machthaber modeln und sie zum Werkzeuge ihrer Pläne machen, um dafür Geld und Aemter zu erlangen; – kommt mir vor, wie wenn Einer zur Kommunion geht, um seinen Hunger und Durst zu stillen. [III, 454]

Recht & Moral So lange ich die angegebene Grenze nicht überschreite, thue ich nicht UNRECHT, folglich ist all mein Thun dann noch immer RECHT. Dabei kann ich grausam und teuflisch seyn: dem Versinkenden Hülfe versagen und kaltblütig zusehn: im Ueberfluß an rechtlich erworbenem Eigenthum Andre todthungern sehn. [I, 428]

Rechtsstaat Die bloße Bejahung des Leibs ist kein UNRECHT. Die vielen Leiber nebeneinander werden (in der Regel) jeder durch einen Willen bejaht: und diese Bejahung steht Jedem zu, ohne Unrecht und ohne daß ein Andrer darüber klagen könne; weil auch sein eigner Wille eine solche Bejahung ist. Geht nun aber irgend Einer in der Bejahung seines Leibes so weit, daß sie zur Verneinung der andern Leiber und der durch solche in die Sichtbarkeit getretnen Willen wird; so nennen wir dies UNRECHT. Dies geschieht nicht nur wenn Einer den Andern frißt (Kannibalismus), oder auch nur, weil er ihm im Wege steht, tödtet; sondern auch sobald einer den Andern zwingt seine Kräfte zur

Erhaltung oder Annehmlichkeit Jenes zu verwenden: denn meine Kräfte gehören zu meinem Leibe als seine Qualität eben so das Produkt dieser Kräfte. Wer mein Eigenthum angreift, thut mir Unrecht; denn nur das ist wahres Eigenthum was ich durch Bearbeitung erworben habe. Das Eigenthum ist also Produkt meiner Kräfte; wer es mir nimmt will also meine Kräfte für sich benutzen: d. h. meinen Leib von seinem Willen abhängig machen. Dies ist am krassesten bei der Leibeigenschaft: aber es ist auch schon der Fall bei der durch die Ungleichheit des Eigenthums herbeigeführten Einrichtung daß Einer den Andern ernährt und für ihn arbeitet, wie der Bauer für den Bürger wenn nicht dieser es auf eine andre Weise kompensirt, welche Kompensation aber freilich auf eine sehr verwickelte und entfernte Weise geschehn mag. Das REINE NICHTSTHUN bei ererbtem Eigenthum ist allerdings schon Unrecht. UNRECHT IST ALSO DER WILLENSAKT DER VERNEINUNG EINES FREMDEN LEIBES D. I. WILLENS, ZUR STÄRKEREN BEJAHUNG DES EIGENEN. Wenn ich nun eine solche auf mich eindringende Verneinung meines Willens (in seiner Erscheinung, meinem Leibe) abwehre; so verneine ich nur jene Verneinung, und dies ist immer nur noch die Bejahung meines eignen Leibes (d. i. Willens), nicht aber Verneinung eines fremden Willens, sondern nur seiner Verneinung des meinen: folglich ist dies nicht UNRECHT: ein solches Abwehren ist also RECHT, es möge erscheinen wie es wolle, z. B. als Tödtung eines fremden Leibes, wenn dieser nicht anders von der Beeinträchtigung des meinen abzuhalten war. Denn einen solchen Willen, der andre Willen verneint, kann ich behandeln als eine blindwirkende und auf jede

Weise abzuwehrende Naturkraft: und dabei thue ich noch immer nichts andres als daß ich meinen Leib (d. i. Willen) bejahe. Ich kann also jenen fremden Willen ZWINGEN von seiner Verneinung des meinen abzustehn: d. h. ich habe so weit ein ZWANGSRECHT. – Der Begriff RECHT wird hier moralisch, nicht juristisch bestimmt. Der Staat ist aber nur sofern er nach diesem Begriff des Rechts besteht, keine unmoralische Anstalt. DESPOTIE besteht nicht nach jenem Begriff, ist öffentliches, zugestandenes, erzwungenes Unrecht, ist unmoralischer Staat. [I, 174]

Relativitätstheorie Gesetzt eine VOLLENDETE NATURWISSENSCHAFT stellte nach dem Kausalzusammenhang die Reihe der Erscheinungen dar, von der rohen Materie und den bloß mechanischen Kräften zu den chemischen, polaren, vegetativen, animalischen; so wäre das letzte Glied der Kette die Thierische Sensibilität und das Erkennen. Aber dann würde diese Naturwissenschaft, am Ziele angelangt, mit Erstaunen gewahr werden, daß das letzte Glied der Erklärung, die Folge aus allen früheren Ursachen, das Erkennen, schon beim ersten Glied vorausgesetzt war: denn die Materie ist bloß für die Vorstellung da. Aus der Kette wird ein Kreis. [I, 414]

Religion Die solideste Wohlthat welche eine aufrichtig geglaubte RELIGION gewährt, ist die, daß sie die Leere und Schaalheit des Lebens auf eine vortreffliche Weise ausfüllt, indem sie eine ganze zweite unsichtbare Welt neben der wirklichen schenkt, und einen beständigen, interessanten, hoffnungsvollen Umgang mit den Wesen jener 2ten Welt gewährt. So beschäftigen den frommen Hindu, den Griechen, den Katholiken früherer Zeiten, immerfort seine Götter, und Heilige, denen Opfer, Gebete, Tempelverzierungen, Gelübde und deren Lösung, Messen, Sakramente, Begrüßung und Schmückung der Bilder, Wallfahrthen u. s. w. zu leisten waren: jedes Ereigniß des Lebens wurde nun als Gegenwirkung jener Wesen angesehn: und so nahm der Umgang mit ihnen fast die halbe Zeit des Lebens ein, war viel interessanter als der mit Menschen und verzierte so das Leben durch poetische Täuschung, die ihm fortdauernden Reiz gab und stets die Hoffnung unterhielt. Und Täuschung ist zuletzt alles Glück. [I, 370]

Der Religion ist das Daseyn Gottes eine ausgemachte Sache und über alle Untersuchung erhaben. So ist es Recht: denn dahin gehört es und ist daselbst zu Hause. Die Philosophie aber ist eine Wissenschaft, folglich versteht es sich, daß in ihr keine Existenz angenommen werden darf, die nicht entweder empirisch nachweisbar oder aber durch ganz bündige Beweise zu erhärten ist. Diese glaubte man längst zu besitzen. Nachdem nun Kant das falsche Vorgeben wirkliche Beweise des Daseyns Gottes zu besitzen bloß gelegt und die Unmöglichkeit derselben nachgewiesen hatte, befanden die Philosophieprofessoren sich in großer Verlegenheit: sie sollen die Studenten zu guten Christen und fleißigen Kirchengängern bilden. Da helfen sie sich auf eine ihres Scharfsinns würdige Weise. Die Philosophieprofessoren behaupten seitdem mit der Dreistigkeit, welche die äußerste Noth zu verleihen pflegt, das Daseyn Gottes wäre zwar keines Beweises fähig, bedürfe aber auch keines, denn es verstünde sich von selbst, wäre die ausgemachteste Sache von der Welt, man könne gar nicht daran zweifeln, wir hätten ein »Gottesbewußtsein« durch welches so unklare als verschmitzte Wort sie nun erschleichen wollen: Vom Daseyn Gottes hätten wir eben so unmittelbar Gewißheit als von uns selbst: denn nur das ganz unmittelbar Gewisse ist Sache des Bewußtseins. Hier mag die Quelle des schändlichen Mißbrauchs dieses Wortes liegen. [III, 613 f.]

Romane Was sind alle ROMANE anders als Guckkasten, darin man die Spasmen und Konvulsionen des geängsteten menschlichen Herzens beschaut? [III, 242]

Schelling & Schellingianer Was die Schriften Schellings und noch mehr der SCHELLINGIANER (Kaysler ist das *non plus ultra*) so ungenießbar und langweilig macht, ist die weite Abstraktion der Begriffe, die das Material ihrer Philosophie sind, z. B. Endliches, Unendliches; – Seyn, Nichtseyn, Andersseyn, Soseyn; – Bestimmen, Bestimmtwerden, Bestimmtheit; – Begränztseyn, Gränze, Begränzen; Einheit, Mannigfaltigkeit; – Identität, Diversität, Indifferenz; – Denken, Seyn; – Objekt, Subjekt, u. s. f. –

Durch solche weite *abstracta* kann sehr vieles, d. h. sehr vielerlei gedacht werden, aber eben deshalb wird IN ihnen sehr weniges gedacht, so daß der Stoff des ganzen Philosophirens erstaunlich gering ist: Dies macht es so widerlich langweilig. [III, 23]

Schmerz DER SCHMERZ DES LEBENS läßt sich nicht abwälzen. Alle Bemühungen dazu leisten nichts als daß er seine Gestalt verändert. Diese ist ursprünglich Mangel, Noth, Sorge um Erhaltung des Lebens. Kaum in dieser Gestalt verdrängt erscheint der Schmerz successive als Geschlechtstrieb, Liebe, Eifersucht, Neid, Ehrgeiz, Geiz, Sorge, Haß, Angst, Krankheit und so in noch unzähligen Gestalten: hat man ihn in allen überwunden, so nimmt er zuletzt die der Langenweile an: und gelingt es diese zu besiegen, so wird es schwerlich geschehn ohne wieder den Schmerz in einigen der vorigen Gestalten einzulassen und so den Tanz von vorne zu beginnen. [I, 368]

Schöpfer Wenn wir die Welt ansehn wollen als das gelungene Werk eines allweisen und allgütigen Schöpfers; so werden einerseits das Elend davon sie voll ist und andrerseits die Unvollkommenheit und die burleske Verzerrung der meisten ihrer Gestalten als eine nicht zu beschwichtigende Dissonanz laut dagegen aufschreien. Eben diese aber werden zu unsrer Rede stimmen und sie belegen, wenn wir die Welt ansehn als die Erscheinung von etwas das besser nicht da wäre. Schildert man das Elend und die verzerrte Gestalt der Welt unter der ersten Annahme; so wird dies zur bittern Anklage des Schöpfers. [III, 354 f.]

Wenn ich mir vorstellig zu machen suche, daß ich vor einem Individuo stände, zu dem ich sagte: »Mein Schöpfer: ich war nichts: und du hast mich hervorgebracht, so daß ich jetzt etwas und zwar ich bin.« – und nun gar noch hinzusetzte »ich danke dir für diese Wohlthat.« und endlich noch: »wenn ich nicht gewesen bin, wie ich gesollt, – so ist's MEINE Schuld!« – so muß ich gestehn, daß mein Kopf, durch philosophische und Indische Studien, ganz unfähig geworden ist, solche Gedanken auszuhalten. [III, 319]

Denkt man sich einen schaffenden Dämon, so wäre man doch berechtigt, auf seine Schöpfung weisend, ihm zuzurufen: »Wie wagtest Du die heilige Ruhe des Nichts abzubrechen, um eine solche Masse von Wehe und Jammer hervorzurufen!« [III, 202]

Schopenhauer MEINE PHILOSOPHIE wird nie im Mindesten das Gebiet der Erfahrung, d. h. des

Wahrnehmbaren, im ganzen Umfang des Begriffs, überschreiten. Denn sie wird, wie jede Kunst, bloß die Welt wiederholen. [I, 256]

Sobald ich zu denken angefangen, habe ich mich mit der Welt entzweit gefunden. Im Jünglingsalter ist mir dabei oft bange geworden; denn ich habe gemuthmaaßt, daß das Recht bei der Majorität sein werde. Helvetius hat mich zuerst aufgerichtet. Dann, nach jedem neuen Conflict, hat die Welt mehr verloren und ich mehr gewonnen. Schon nach zurückgelegtem vierzigsten Jahre hat es mir geschienen, daß ich den Proceß in letzter Instanz gewonnen habe, und ich habe mich höher gestellt gefunden, als ich je zu muthmaaßen gewagt: aber die Welt ist mir leer und öde geworden. Mein ganzes Leben hindurch habe ich mich schrecklich einsam gefühlt und stets aus tiefer Brust geseufzt: »Jetzt gieb mir einen Menschen!« Vergebens. Ich bin einsam geblieben. Aber ich kann aufrichtig sagen, es hat nicht an mir gelegen: ich habe Keinen von mir gestoßen, Keinen geflohen, der an Geist und Herz ein Mensch gewesen ist: nichts als elende Wichte, von beschränktem Kopf, schlechtem Herzen, niedrigem Sinn habe ich gefunden; Goethe, Fernow, allenfalls F. A. Wolf und wenige Andere ausgenommen, die sämmtlich fünfundzwanzig bis vierzig Jahre älter als ich gewesen sind. Demnach hat allmählich der Unwille über Einzelne der ruhigen Verachtung des Ganzen Platz machen müssen. Früh ist mir der Unterschied zwischen mir und den Menschen bewußt geworden; aber ich habe gedacht: lerne nur erst hundert kennen und du wirst deinen Mann schon finden; dann: aber unter tausend wirst du's; dann: zuletzt muß er doch kommen, wenn auch nur unter vielen Tausenden. Endlich bin ich zu der Einsicht gelangt, daß die Natur noch unendlich karger ist, und ich die *»solitude of Kings«* (Byron) mit Würde und Geduld ertragen muß. [IV/2, 116 f.]

Schriftsteller Die Ausdrücke *homme de lettres, letterato, a scholar,* haben nie auf mich jene fatale Wirkung des deutschen Ausdrucks weil sie die Sache mehr *en bagatelle* traktiren, d. h. nicht mehr sagen wollen, als eigentlich damit gesagt ist, ja, sogar eine leichte Tinte von Ironie haben. [III, 349]

Gebührt einem Schriftsteller nur dann der Name »GROSS«, wenn er ohne Rücksicht auf die herrschenden Abwege und Irrthümer seiner Zeitgenossen oder die Absichten der Machthaber einzig dem Rechten und Wahren und Aechten nachgeht, unbekümmert über den dadurch verscherzten Beifall seiner Zeit oder seine persönliche Wohlfahrt. [III, 315]

Die meisten SCHRIFTSTELLER UNSERER ZEIT sind dadurch so ungenießbar, daß sie durchaus nicht schreiben wollen wie sie denken. Ein geheimes, ihnen selbst nicht eingeständliches Bewußtseyn ihrer Mediokrität, flößt ihnen das Streben ein nach dem Schein, viel mehr und viel tiefer gedacht zu haben als der Fall ist. Darum bringen sie, was sie zu sagen haben, in gezwungenen krausen Wendungen, neu geschaffenen Worten und weitläuftigen, den Gedanken umgehenden und verhüllenden Perioden vor. Sie schwanken zwischen dem Bestreben, ihren Gedanken mitzutheilen, und dem, ihn zu verstecken, damit er ein recht gelehrtes oder tiefsinniges Ansehn gewinne und viel mehr dahinter vermuthet werde. Am Ende gebiert aber doch der Berg die Maus. Die Unnatur schreckt überall zurück; das Naive zieht an. Wenn sie, statt dessen, ehrlich zu Werk gehn wollten, und das Wenige und Gewöhnliche, was sie wirklich gedacht haben, so wie sie es gedacht haben, einfach mittheilen wollten; so würden sie lesbar seyn und doch etwas leisten.

Der ächte Denker dagegen ist bemüht seinen Gedanken so rein, deutlich, sicher und kurz als möglich auszusprechen. Daher ist Simplicität stets Merkmal sowohl des Genies wie der Wahrheit gewesen. Der Stil erhält die Schönheit vom Gedanken; statt daß bei Jenen die Gedanken durch den Stil schön werden. In Hinsicht auf Ehrlichkeit und Deutlichkeit bindet den Vortrag vor allem das Schreiben für sich selbst und nicht für Andre. [III, 423 f.]

Seeligkeit Zur ewigen Seeligkeit gelangen, zum Himmelreich kommen, möchte wohl Jeder, nur nicht auf eignen Füßen; sondern hingetragen werden, durch den Lauf der Natur. Das aber ist unmöglich. Die Natur ist der Schatten unsers Willens: sie läßt uns zwar nicht fallen und zunichte werden, aber sie kann uns nirgends hinbringen, als eben wieder in die Natur. Und welch ein traurig Ding es sei, ein Theil der Natur zu seyn, erfährt Jeder an seinem eignen Lebenslauf. [III, 126]

Sehnsucht Oft glauben wir uns nach einem fernen Ort zurückzusehnen, während wir uns eigentlich nur nach der Zeit zurücksehnen die wir dort zugebracht, wo wir so viel frischer und jünger waren. So täuscht uns die Zeit unter der Maske des Raums. [III, 132]

Der Karakter der ersten Lebenshälfte ist die stets unerfüllte Sehnsucht nach Glück, der der 2ten die nur zu oft erfüllte Besorgniß vor Unglück: unglücklich sind also beide.

Wenn, als ich jung war, geklingelt oder geklopft wurde, ward ich vergnügt, denn ich dachte nun käme es. Jetzt, wenn es klopft, erschrecke ich, denn ich denke: »da kommt's!« [IV/2, 123]

Wir sind, unser ganzes Leben hindurch, voll Sehnsucht, entweder nach der fernen Zukunft, wie besonders in der ersten Hälfte des Lebens, oder nach der fernen Vergangenheit, wie besonders in der zweiten: aber die Gegenwart, in der allein die Wirklichkeit liegt, befriedigt uns nie. [III, 75]

Selbstdenker Nur was Einer für sich selbst gedacht hat, kann Andern zu Gute kommen. [III, 315]

Selbsterkenntnis Warum, trotz allen Spiegeln, weiß man nicht WIE MAN EIGENTLICH AUSSIEHT, und kann nicht die eigne Person, wie die jedes Bekannten, der Phantasie vergegenwärtigen? –

Man vermag es nicht auf sein eignes Bild im Spiegel den objektiven Blick der ENTFREMDUNG zu werfen, dessen Basis der moralische EGOISMUS mit seinem tiefgefühlten NICHT-ICH ist: welches gefühlte Nicht-ich alle Mängel rein objektiv und ohne Abzug sehn läßt und dadurch das objektive Bild vollendet. Beim Anblick der eignen Person im Spiegel flüstert stets ein vorkehrendes »es ist nicht Nicht-ich«, sondern »Ich« *noli me tangere* – und hindert die objektive Auffassung, die ohne das Ferment eines Grans Malice nicht zu Stande kommt, durch Dazwischenschieben des gefärbten Glases der Eitelkeit. [III, 318]

Was man »Karakter haben« nennt, ist eigentlich nur Selbstkenntniß, nämlich dies, daß man seines angebornen, unabänderlichen, (empirischen) Karakters sich auch *in abstracto* bewußt ist seine Stärken und Schwächen kennt und seine eigne nothwendige Handelsweise auf Maximen gebracht hat, und nach Maximen befolgt, als wäre es eine erlernte: dadurch hat man doppelte Festigkeit, man braucht nicht zu warten daß man sehe was man wolle und dann wieder was man könne (dies thun die sogenannten Karakterlosen) sondern weiß es sogleich zum voraus in jedem Fall.

[I, 399]

Selbstfindung Wer aber weiß was er ist und nur dies seyn will, resignirend auf alles andre, wird stets mit sich zufrieden seyn, ohne darum in falschen Dünkel zu gerathen, da er eben seine Fehler und Schwächen genau kennt und die Gelegenheiten meidet wo sie ihm selbst und Andern bloß gegeben werden. Da nun aber Unzufriedenheit mit sich selbst das bitterste Leiden ist, und er diesem solchermaaßen entgeht, so wird er durch diese vollkommne Selbsterkenntniss, dieses dem *γνωϰ σαυτον* Genügeleisten, welches man den erworbenen Karakter nennt, um vieles Glücklicher. [I, 401 f.]

Selbstmord Ganz gewiß lebt Keiner, der nicht schon SEINEM LEBEN EIN ENDE gemacht hätte, wenn dies Ende etwas rein Negatives wäre, ein bloß plötzliches Nichtdaseyn der Person: aber es hat etwas Positives, die Zerstörung des Leibes; diese schreckt uns zurück, eben weil der Leib verkörperter d. h. erscheinender Wille zum Leben ist. [III, 380]

Selbstsuche Es ist eine unmögliche in sich selbst sich widersprechende Forderung fast aller Philosophen daß der Mensch INNRE EINHEIT SEINES WESENS, EINTRACHT MIT SICH SELBST erlangen soll. Denn als MENSCH ist innre Zwietracht sein Wesen, durchaus so lang er lebt. Denn nur Eines kann er wirklich ganz und gar seyn: zu allem Andern hat er aber die Anlage und die unvertilgbare Möglichkeit es zu seyn. Hat er sich zu Einem entschlossen, so steht alles Uebrige als Anlage immer bereit und fordert unablässig aus der Möglichkeit zur Wirklichkeit zu gelangen: er muß es also fortwährend zurückdrängen, überwältigen, tödten, so lang er jenes Eine seyn will. – Will er z. B. nur Denken und nicht Handeln und Treiben, so ist damit die Anlage zum Handeln und Treiben nicht mit Einem Mal vernichtet, sondern so lange er als Denker lebt, muß er sich stündlich und immer als Handelnden betriebsamen Menschen tödten, ewig mit sich, als einem Ungeheur dem jeder abgehaune Kopf gleich wiederwächst, kämpfen. So, wenn er sich zur Heiligkeit entschlossen hat muß er sein ganzes Leben hindurch, und nicht ein für alle Mal, sich als Genießendes der Wollust ergebenes Wesen tödten: denn ein solches bleibt er so lange er lebt. Hat er sich für den Genuß, auf welche Weise auch dieser zu erlangen sei, entschieden, so kämpft er sein Leben lang mit sich als einem Wesen das rein und frei und heilig seyn möchte: denn die Anlage bleibt ihm, er muß sie stündlich tödten. So durchaus in Allem, in unendlichen Modifikationen. Bald mag das Eine, bald das Andre in ihm siegen: er ist der Tummelplaz. Siegt auch das Eine fortwährend, so kämpft doch das Andre fortwährend: denn es lebt so lang er lebt: als Mensch ist er die Möglichkeit vieler Gegensätze. [I, 114]

Selektion Wir sehn daher gegen jedes Thiergeschlecht ein andres als Verfolger auftreten mit eigens dazu bestimmten Waffen: gegen die größern Thiergeschlechter Raubthiere mit ungeheuren Muskelkräften, furchtbaren Gebissen, Krallen und gekrümmten Schnäbeln: aber gegen die kleineren Geschlechter, die ein besondres Element oder sonst einen beschränkten Ort gleichsam zum Schlupfwinkel erwählt haben, tritt ein Verfolger auf gerüstet mit Werkzeugen, sie in diesem Element, in diesem Schlupfwinkel aufzusuchen, so daß keine Gestalt dem Willen zum Leben zu grotesk war, daß er sie nicht zu diesem Zweck angenommen hätte: so treten gegen die Reptilien Sumpfvögel auf mit überlangen Beinen, überlangen Hälsen, überlangen Schnäbeln, die wunderlichsten Gestalten!: – gegen Insekten große 4 Fuß lange Säugethiere, Ameisenbären mit kurzen Beinen, cylindrischen langen zahnlosen Schnauzen und fadenförmiger klebriger Zunge; – gegen Fische Pelikane mit monstrosem Kropfe viele Fische darin zu bewahren u. s. f. EULEN, welche die Nacht zu ihrem Element und die Schläfer zu ihrer Beute ausersehn, sind gekommen mit monstros großen Pupillen, um in der Nacht zu sehn, und mit ganz weichen Federn, damit ihr Flug die Schläfer nicht wecke: Wo nur ein Lebendes sich rührt oder vegetirt ist gleich ein andres Lebendes da es zu verschlingen, und haust jenes im unzugänglichsten Schlupfwinkel so hat dieses seine ganze Gestalt allein darauf berechnet es dennoch zu verfolgen und zu überwältigen. [III, 318 f.]

Seminararbeit Die Stallfütterung der Professoren ist mehr für die WIEDERKÄUER bestimmt. Die, welche aus den Händen der Natur die eigene Beute empfangen, bleiben in der Freiheit. [III, 193]

Skeptizismus Aller SKEPTIZISMUS gründet sich auf dem Einen Gedanken, daß alle Erkenntniß durch das Subjekt bedingt ist, und darum nie rein objektiv: der Dogmatismus nimmt aber zwischen Objekt und Subjekt das Verhältniß von Grund und Folge an: da dies unerweislich ist, konnte er den Skeptizismus nie besiegen. [I, 197]

Solidarität Wer wagt mir zu widersprechen, wenn ich sage, die Menschen sind wesentlich böse, wesentlich unglücklich, wesentlich thörigt? – Wer anders als die für deren Moralität es genug ist die bürgerlichen Gesetze nicht zu verletzen, die sich beglückt finden in dem steten Schnappen nach Luft, Haschen nach Nichts, Spielen mit Seifenblasen, und die philologische Disquisitionen, mathematische Demonstrationen und vernünftelnde Philosophie für Weisheit halten. [I, 207]

Solipsismus Nicht allein lachen zu können, beweist völlig sicher eine ungemein schwache Phantasie. [III, 147]

Sozialismus Daß dir daran gelegen, wirklich gelegen sei, daß der Andre weniger leide, ist nur möglich, sofern du erkennst, daß du es selbst bist, was dir unter jener traurigen Gestalt erscheint, daß du dein eignes Wesen an sich wieder erkennst in der fremden Erscheinung. [III, 135]

Spiele Nur ist zu bemerken daß bei den meisten Menschen die Erkenntnißkraft viel zu schwach ist als daß reines Erkennen, Kontempliren von irgend einiger Dauer bei ihnen möglich wäre: wenn sie daher nicht wenigstens leise Anregungen des Willens haben so leiden sie durch Langeweile die größte Quaal: daher das Kartenspiel.

[I, 249]

Sprache Jeder LUMPENHUND ist Herr über die Sprache, z. B. jeder der Schreibstube oder dem Ladentisch entlaufene und in den Dienst eines Zeitungsschreibers übergegangene Bursche. Am tollsten treiben es die Zeitungen, zumal die südteutschen, so daß man bisweilen zu glauben anfängt, sie persifflirten und parodirten die grassirende Sprachverbeßrung. Allein sie meynen's ehrlich. [IV/2, 77]

Sprache & Schrift Was für die Vernunft der Individuen, als *conditio sine qua non*, die SPRACHE ist, das ist für die hier dargestellte Vernunft des ganzen Geschlechts, also für die Geschichte, DIE SCHRIFT: denn erst mit dieser fängt ihre wirkliche Existenz an, wie die der Vernunft des Individui erst mit der Sprache. [III, 278]

Staat Der Staat ist der Gordonische Knoten der zerhauen ist, statt daß er gelöst werden sollte; das Ey des Kolumbus das durch Zerbrechen zum Stehn gebracht ist, statt durch Aequilibrium, als sey sein STEHN die Sache, statt daß sein BALANCIREN es ist; – Er gleicht dem der schön Wetter zu machen glaubt wenn er nur das Barometer zum Steigen zwingt. [I, 17]

Der Staat beschäftigt sich allein mit der BEGEBENHEIT, DEM WAS GESCHIEHT: nur dies ist für ihn real: daß ich Mord und Gift fortwährend in Gedanken trage, verbietet der Staat gar nicht, so lange nur Schwerd und Rad den Willen hemmen daß der nicht zur That werde. [I, 16]

Von dem was die Pseudo-Philosophen unsrer Zeit lehren, der STAAT habe zur Absicht Beförderung des MORALISCHEN ZWECKS des Menschen, ist viel eher das Gegentheil wahr. – Der Zweck des Menschen (ein parabolischer Ausdruck) ist nicht daß er so oder anders handele. Sondern daß DER WILLE, davon jeder Mensch ein vollständiges *specimen*, ja dieser Wille selbst ist, sich wende, wozu nöthig ist daß der Mensch (der Verein von Erkennen und Wollen) diesen Willen erkenne, das Entsetzliche dieses Willens erkenne, sich spiegele in seinen Thaten und deren Gräuel. Der Staat, dem es nur aufs Wohlseyn Aller abgesehn ist, hemmt die Aeußerungen des bösen Willens, keineswegs den Willen, was unmöglich wäre. Dadurch geschieht es daß höchst selten ein Mensch seine ganze Entsetzlichkeit im Spiegel seiner Thaten erblickt. Oder glaubt ihr wirklich, *Robespierre*, *Bonaparte*, der Kaiser von Marocko, die Mörder die ihr rädern seht, seyen allein so schlecht unter allen? seht ihr nicht daß Viele dasselbe als jene thäten, wenn sie nur könnten? [I, 217]

Der Staat bejaht den Willen, (deswegen liebt er nie Lehren welche Aufhebung des Willens anpreisen). [I, 360]

Die, welche meinen, er sei eine moralische Anstalt; denken er sei gegen den Egoismus selbst gerichtet: er ist aber vielmehr gegen die Folgen des Egoismus gerichtet, nämlich gegen die Folgen des fremden Egoismus, gegen die der eigne sich auflehnt: er ist also ganz aus dem Egoismus entstanden und ist da um demselben zu dienen mit Vernunft. [I, 358]

Wenn aus dem allen Menschen, sofern sie PHYSISCHE Wesen sind, gemeinsamen Interesse KEIN UNRECHT ZU LEIDEN, eine Anzahl Menschen den Kontrakt schließt, daß keiner Unrecht thue, weil dabei immer einer wieder Unrecht LEIDET, dieses letztere aber eben ist was man verhindern will; so ist der STAAT entstanden. Er ist also eine Vereinigung von Menschen die kein Unrecht LEIDEN wollen, und deshalb sich auch bequemen (weil es nur so möglich ist) auch keines zu THUN. (Siehe Plato: *de Republica*) Nur mittelbar geht also der Staat auf das THUN: sein Zweck ist das LEIDEN, nämlich das UNRECHT-LEIDEN, was er verhüten will. – Wäre der Staat eine MORALISCHE Anstalt (statt daß er eine physische ist) so wäre es umgekehrt: das Thun, oder vielmehr das Wollen würde er im Auge haben. Eine solche Anstalt ist aber überflüssig: denn der Wille ist frei, den kann keiner zwingen: und nur DIE Kausalität meines Leibes die durch meinen WILLEN bewirkt ist, ist Thun: also auch zum THUN kann mich keiner zwingen. Dem Schmerz und Tod braucht mein Wille nicht zu weichen. Und was durch meinen Leib geschieht, sofern ihn fremde Kräfte (nicht mein Wille) bewegen, wobei er nur als Masse wirkt, ist kein THUN.

[I, 176]

Mein PHYSISCHES Interesse ist daß ich kein Unrecht LEIDE: das vernünftige Mittel dazu der Staat: mein moralisches Interesse ist daß ich kein Unrecht THUE: durch dieses müßte auch der Staat bedingt seyn: allein das ist überflüssig, sobald nur jedes Glied desselben sein physisches Interesse vertheidigt und sorgt daß es nicht Unrecht LEIDE: dann folgt von selbst daß keiner Unrecht thun kann: also kann der vollkommne Staat ohne alle Rücksicht auf Moral zu Stande kommen. [I, 176]

Staatsphilosophie Auf allerhöchsten Specialbefehl ist ein persönlicher Gott und eine individuelle Seele, welche aus der Philosophie abhanden gekommen waren, in selbige wieder eingeführt worden. – Freilich, wer aus jedem Stück Papier einen Tausendthalerschein machen kann, wird ja auch wohl so ein Paar *entia metaphysica* wieder auf die Beine bringen können, zumal in diesem Zeitalter kritischer, skeptischer Theologen und rechtgläubiger, gottseliger Philosophen. [IV/1, 218]

Sterben Warum wäre der Tod eines Philisters und gemeiner Seele bedeutender als sein Leben? Er war lauter zäher matter Willen zum leben. Das endet; was ist da mehr? wo Teufel soll seine Verklärung herkommen?

[I, 298]

Stil Um über den Werth der Geistesprodukte eines Menschen eine vorläufige Schätzung zu haben, ist es nicht nöthig zu wissen WORÜBER oder WAS er gedacht hat; dazu wäre erfordert, daß man alle seine Werke durchlese; sondern es ist hinreichend zu wissen WIE er gedacht hat: und von diesem WIE DES DENKENS, dieser eigentlichen QUALITÄT desselben, ist ein genauer Abdruck DER STIL: er zeigt gleichsam die TEXTUR, die durchgängige formelle Beschaffenheit aller Gedanken eines Menschen, die sich gleich bleiben muß, WAS und WORÜBER er auch denke; gleichsam der Teig, aus dem er alle seine Gestalten knetet, so verschieden auch ihr Ansehn sei. An ihm sieht man den Schritt und Tritt, die Gelenkigkeit und Leichtigkeit oder gar Beflügelung des Geistes, oder andrerseits seine Schwerfälligkeit, Lahmheit, Steifheit und bleierne Beschaffenheit. Wie Eulenspiegel dem Fragenden wie lange er noch zu gehn habe, zurief: »Gehe!« um aus dem Gange zu ermessen, wie weit er in gegebener Zeit kommen könne; – so lese ich aus einem Autor ein Paar Seiten und weiß ungefähr wie weit er mich bringen könne. Zwar suchen alle Mediokren, dieser Sache im stillen sich bewußt, ihren ursprünglichen und natürlichen Stil, der freilich sehr schaafartig aussehen würde, zu maskiren unter irgend einer angenommenen Manier und Affektation; daher können sie nie naiv schreiben: aber hiedurch selbst verrathen sie sich. Naivität ist der Stempel der Originalität, der Stempel des Genies. [III, 395]

Strafrecht RACHE NEHMEN unterscheidet sich von STRAFEN dadurch daß jene ohne Rücksicht auf die Zukunft einzig wegen des Geschehenen, also Vergangenen, Leiden auflegt; statt daß diese eigentlich nur auf die Zukunft geht und nur deshalb das Geschehene mit gleichem oder schlimmerm vergilt. Wer RACHE nimmt will sich für das Gelittene entschädigen durch den Genuß des Anblicks von ihm verursachter und den Beleidiger treffender fremder Quaal. Also ist alle eigentliche Rache (nicht Strafe) Grausamkeit.

Und jede Strafe die nicht gesetzlich ist, also nicht zum Zweck hat von ähnlichem Frevel abzuschrecken, ist bloß Rache. [I, 384]

Suizidär & Suizidant Man sollte stets eingedenk seyn, daß kein Mensch jemals sehr weit von dem Zustande ist, wo er willig zum Eisen oder Gift greift, um seinem Dasein ein Ende zu machen: und die welche sich sehr weit davon glauben, könnte leicht ein Zufall, eine Krankheit, ein starker Wechsel des Glücks oder des – Wetters, vom Gegentheil überzeugen. [I, 426]

Synthese Behauptet man die Identität des Subjektiven und Objektiven, so mag man auch die Identität des Theismus und Atheismus behaupten. Freilich sind alle Gegensätze relativ und man kann von jedem auf einen allgemeinen Standpunkt steigen, wo der Gegensatz aufhört. Aber damit ist nichts gewonnen. [III, 331]

Tapferkeit Tapferkeit ist keine Tugend, höchstens ein Tugendmittel, eigentlich Temperamentseigenschaft und mit größter Nichtswürdigkeit verträglich. [III, 342]

Teleologie Die staunende Bewunderung, welche so oft die TELEOLOGISCHE BETRACHTUNG der Natur begleitet, besteht eigentlich unter der falschen Voraussetzung daß die Uebereinstimmungen, die wir auf dem Wege der VORSTELLUNG, d. h. in der anschaulichen Welt, entdecken und beurtheilen, auch auf diesem Wege, also mittelst einer solchen Anschauung entstanden sind, daß so wie sie FÜR den Intellekt da sind, sie auch DURCH einen Intellekt entstanden seien, während sie nur der Ausdruck der Herstellung der innern Einheit sind, die in der Form der Vorstellung als Vielheit sich zeigen mußte.

Könnten wir das innre Wirken der Natur ganz deutlich erkennen, so würden wir sehn, daß die teleologische Bewunderung Aehnlichkeit hat mit der, welche die ersten Proben der Buchdruckerkunst erregten bei denen, welche sie unter der Voraussetzung daß sie Werke der Feder wären betrachteten und zur Erklärung derselben einen Teufel hinzuziehn mußten; – oder auch mit dem Erstaunen des Wilden bei der Explosion und dem Ueberschäumen einer Bierflasche, indem er sagte, nicht das Auslaufen des Bieres bewundere er, sondern wie man es habe hineinbringen können.

[III, 382]

Terrorismus Hat aber einer ein großes Unbild erlitten oder nur gesehn, und rächt es indem er sich selbst der Rache geradezu opfert; so ist das Strafexempel für ihn als Individuum ohne allen Nutzen: auch ist hier kein Verein, Staat, der fortbesteht: vielmehr liegt in der Natur der Sache da dieser das Unbild nicht rächen konnte oder wollte, da das Individuum die Rache so theuer erkauft. Auch muß man nicht etwa an ein *tyrannicidium* denken, welches Befreiung des Vaterlandes, nicht Rache, ist. Sondern bloße Rache soll da seyn: wie es mehrere Fälle gab, wo einer einen mächtigen Unterdrücker, noch nach Jahren, aufsuchte und mordete und nachher dafür selbst auf dem Schafott starb, wie er vorhergesehn, ja oft nicht zu vermeiden strebte, da sein Leben nur noch seine Rache zum Zweck hatte, die nun erfüllt ist.

Wenn ein solcher sich das eigentliche Motiv auch nicht *in abstracto* deutlich denkt, so ist es doch dieses: daß in dem Schauspiel des Lebens (dessen ganzer Wille er selbst ist) kein so ungeheures Unbild wieder vorkommen soll, sondern daß jeden künftigen Unterdrücker das Beispiel schrecke von einer Rache, gegen die er sich nimmer schützen kann, da Todesfurcht dem Rächer keine Wehrmauer ist. [I, 419]

Theologie Der Anfang der THEOLOGIE ist die FURCHT: daher es, wenn die Menschen glücklich wären, nie zur Theologie käme. [III, 191]

Theorie & Praxis »Das mag in der Theorie richtig seyn; in der Praxis ist es falsch.« – Jene Behauptung setzt eine Unmöglichkeit: was in der Theorie richtig ist,

MUSS auch in der Praxis zutreffen: trifft es nicht zu, so liegt ein Fehler in der Theorie, irgend etwas ist übersehn und nicht in Anschlag gebracht worden, folglich ist's auch in der Theorie falsch. [III, 692]

Tierwelt Ich habe gesagt, JEDES NATÜRLICHE DING IST SCHÖN, also auch jedes Thier. Wenn uns dieses bei einigen Thieren nicht einleuchten will; so kommt dies daher, daß wir nicht im Stande sind sie rein objektiv zu betrachten und demnach ihre Idee aufzufassen, sondern hievon abgezogen werden durch irgendeine Gedankenassociation, meistens wegen einer sich uns aufdringenden Aehnlichkeit, z.B. der des Affen mit dem Menschen, daher wir nicht die Idee dieses Thieres auffassen, sondern nur die Karikatur eines Menschen sehn; – eben so die Aehnlichkeit der Kröte mit Koth und Schlamm und dgl. m. [III, 130]

Titel Auf BÜCHERTITELN mit seinen eignen TITELN UND AEMTERN zu prunken, ist höchst unpassend: in der Litteratur gelten keine andere als geistige Vorzüge: wer andere geltend machen will, verräth, daß er diese nicht hat. [IV/1, 222]

Tod Der Tod ist demnach die Belehrung welche dem Egoismus durch den Lauf der Natur wird.

[III, 205]

Den, welcher den Tod erleiden soll, betrachten wir mit grenzenlosem Mitleid: und doch wissen wir, daß ihm weiter nichts widerfährt als das Ende eines Zustandes der wahrhaftig nicht wünschenswerth ist. Ist dies nicht ein Beweis, daß unser innerstes Wesen blinder WILLE ZUM LEBEN ist? [III, 151]

Toleranz Wenn man auf der Welt und unter Menschen leben will, so ist es Pflicht und Nothwendigkeit, daß man keine Individualität, sofern sie Naturprodukt ist, auch nicht die erbärmlichste oder lächerlichste, unbedingt verwerfe: vielmehr hat man sie zu nehmen als ein schlechthin Gegebenes, das aus einem ewigen und metaphysischen Princip so seyn muß wie es ist. Sonst thut man Unrecht und befugt den Andern zum Krieg auf Tod und Leben.

Denn seine eigentliche Individualität, sein Moralisches, seine Erkenntnißkraft, sein Temperament, seine Physiognomie, kann er schlechterdings nicht ändern: verdammen wir sie nun ganz und gar; so bleibt ihm nichts übrig als uns als einen Todfeind zu bekämpfen: denn wir wollen ihm das Recht zur Existenz nur zugestehn unter der Bedingung daß er ein andrer wäre als er ist. Darum müssen wir, um bestehn zu können, Jeden mit seiner gegebenen Individualität, wie sie auch immer sei, bestehn lassen; dürfen bloß darauf bedacht seyn sie zu benutzen, wie ihre Art und Weise es zuläßt; oder sie zu meiden, aber weder auf ihre Aenderung hoffen, noch sie, so wie sie ist, verdammen. Das ist der Sinn des Spruchs »Leben und leben lassen.«

[III, 302]

Die TOLERANZ welche man oft an großen Männern bemerkt und preiset ist wohl immer das Kind der größten MENSCHENVERACHTUNG: denn erst wenn ein großer Geist von dieser ganz durchdrungen ist hört er auf die Menschen für seines Gleichen zu halten und diesem entsprechende Forderungen an sie zu machen. [I, 406]

Man soll eine fast gränzenlose Toleranz und Versöhnlichkeit haben: weil, wenn man sich kaprizirt, einem Einzelnen die Erbärmlichkeiten oder Schlechtigkeiten, die ihm zur Last fallen, nicht zu verzeihen, man dadurch allen Uebrigen eine ganz unverdiente Ehre erzeigt. – Dafür aber machen viele Schweine den Brei dünn, und es versteht sich von selbst, welche Art der Freundschaft es sei, die wir dem menschlichen Geschlecht überhaupt offen halten und welcher die Rückkehr fast Jedem, nach Allem, was er auch begangen, noch offen steht. [III, 48]

Tragödie Daß das Thema der höchsten poetischen Leistung, des TRAUERSPIELS, kein andres ist, als der namenlose Jammer der Menschheit, der Triumph der Bosheit, die höhnende Herrschaft des Zufalls und der rettungslose Fall der Gerechten und Unschuldigen: dies ist doch ein bedeutender und nicht zu beseitigender Wink über die wahre Beschaffenheit dieser Welt und dieses Daseyns. [III, 356]

Traumdeutung Daß ich der heimliche Theaterdirektor meiner Träume bin, ist ein sichrer Beweis davon, DASS MEIN WILLE ÜBER MEIN BEWUSSTSEYN (d. i. Erkennen) HINAUSLIEGT. [III, 392]

Triebstruktur Aristoteles sagt: »Gut leben ist besser als leben.« Daraus folgt: »Nicht leben ist besser als schlecht leben.« Das werden auch alle zugeben: d.h. dem Intellekt als solchem ist es einleuchtend. Und doch leben die Meisten schlecht; – lieber als gar nicht. Das ist eben daraus zu erklären, daß, nach dem, was wir sind, Lebenwollen oder nicht etwas ist, das *quite out of the question* ist, d.h. darüber gar nicht zu deliberiren, d.h. das nicht, ehe es eintritt, dem Intellekt zur Wahl vorgelegt wird, sondern Lebenwollen ist ein *Prius* des Intellekts selbst: Lebenwollen, das sind wir selbst: darum müssen wir leben, sei es schlecht oder gut. [III, 257]

TV Zerstreuung ist gewiß ein großes Gift des Geistes. Wer, im Weltgetümmel, sei es durch Geschäfte, durch Vergnügungen oder auch durch unmäßige Vielleserei, eine so große Menge successiver Eindrücke empfängt, daß die meisten derselben, sobald sie vorüber sind, ewiger Vergessenheit anheimfallen und nur eine ganz dunkle Spur im Bewußtseyn zurücklassen, der muß zuletzt alle klare Besonnenheit verlieren, sein Gemüth wird ein Chaos, er kann sich nie mehr vollständig sammeln. Eine gewisse Verworrenheit nimmt seinen Geist ein. Dies ist der Fall vieler Welt- und Geschäftsleute: eine Folge davon ist das Abrupte, Fragmentarische, gleichsam Kleingehackte ihrer Konversation. Es ist um so mehr der Fall je größer die äußere Unruhe, die Menge der Eindrücke, und je kleiner im Verhältniß dazu die innere Thätigkeit des Geistes ist. [III, 90]

UBW Alles Ursprüngliche, alles ächte SEYN ist UNBEWUSST: was durch das Bewußtseyn durchgegangen, ist VORSTELLUNG geworden, und seine Aeußerung ist die Mittheilung einer Vorstellung. Alle ächten Eigenschaften im Karakter oder Geiste des Menschen sind daher unbewußt, und nur als solche machen sie tiefen Eindruck. Alles Bewußte der Art ist wenigstens zur Hälfte Affektation d. i. Trug. [III, 439]

Ein frappantes und alltägliches Beispiel vom geheimen und unmittelbaren DESPOTISMUS DES WILLENS ÜBER DEN INTELLEKT, ist, daß wir bei Rechnungen uns viel öfter zum Schaden Andrer verrechnen als zu unserm eignen, und zwar ohne die leiseste Absicht, während wir nichts anderes als das reine arithmetische Resultat suchten. Aber der Wille zieht uns unbewußt dahin daß wir unser *Debet* verkleinern, unser *Credit* vergrößern. [IV/1, 135]

Unfehlbarkeit UEBRIGENS VERDIENT EIN THEORETISCHES DOGMA, WELCHES FRECH GENUG IST, JEDEN DER ES LÄUGNET ZUM SCHURKEN STEMPELN ZU WOLLEN, AUF ALLE WEISE ANGEGRIFFEN UND OHNE SCHONUNG BEKÄMPFT ZU WERDEN. [III, 348]

Unschuld Die UNSCHULD ist wesentlich dumm. [I, 133]

Unterhaltung Sprechen und Mittheilung, die immer von leiser Anregung des Willens gegeneinander, begleitet sind, sind beinahe physisches Bedürfniß. Bisweilen aber sind mir die Thiere viel unterhaltender als die gewöhnlichen Menschen. Denn, erstlich, was kann man sich überhaupt sagen? nur Begriffe sind durch Worte mittheilbar, also die trockensten Vorstellungen, und was für Begriffe hat denn wohl so ein gewöhnlicher Mensch mitzutheilen, wenn er nicht eben erzählt oder berichtet, was aber kein Gespräch giebt; auch ist der größte Reiz des Gesprächs nur das mimische, der sich zeigende Karakter, so wenig es auch sei. Sogar aber der vorzüglichste Mensch, wie wenig kann er SAGEN von dem was in ihm vorgeht! nur Begriffe sind ja mittheilbar. [I, 143]

Jede GEMEINSCHAFT MIT ANDERN, jede UNTERHALTUNG, hat nur Statt unter der Bedingung gegenseitiger Beschränkung, gegenseitiger SELBSTVERLÄUGNUNG; daher muß man in Jedes Gespräch sich nur mit RESIGNATION einlassen. [I, 95]

Untermenschen Wenn ich doch nur die Illusion los werden könnte, das Kröten- und Ottern-Gezücht für meines Gleichen anzusehn: da wäre mir viel geholfen. [III, 8]

Ursache Eine LETZTE URSACHE giebt es bloß für die Vernunft, nicht aber für den Verstand: d. h. eine letzte Ursach ist die Vorstellung einer selbst unmöglichen Vorstellung: d. h. ich kann den abstrakten Begriff einer letzten Ursach haben denn sonst spräche ich ihn hier nicht aus: nicht aber kann ich mir anschaulig vorstellen ein Objekt bei dem es mir gar nicht einfiele seine Ableitung von einem andern zu suchen. [I, 208f.]

Urteile Merke dir es, liebe Seele, ein für alle Mal, und sei klug. Die Menschen sind subjektiv; nicht objektiv, sondern durchaus subjektiv. Wenn Du einen Hund hättest und ihn dir anhänglich machen wolltest, und dächtest nun: »von meinen 100 seltnen und vortrefflichen Eigenschaften wird dem Köther doch wohl Eine einleuchten und das muß genug seyn um ihn mir auf immer mit Leib und Seel ergeben zu machen« – wenn du das dächtest, so wärst du ein Narr: streichle ihn, gieb ihm zu fressen, und sei dabei übrigens wie du willst, das genirt nicht, er wird dir treu und ergeben. Nun, merke dir's, mit den Menschen ist's eben so, grad' eben so. Nur nimm nicht gar dich selbst aus: untersuche deine Liebe, deine Freundschaft, sieh zu ob nicht deine objektiven Urtheile großentheils verkappte subjektive sind; sieh zu ob du die Vorzüge eines Menschen der dich nicht liebt gehörig anerkennst u. s. w. – und dann sei tolerant, es ist verfluchte Schuldigkeit. [I, 70]

Urteilskraft Der Unstern ist daß das Verdienst der Werke seine Kronen aus den Händen der menschlichen Urtheilskraft zu empfangen hat. Wirkliche, freie URTHEILSKRAFT ist, so gut wie Genie, eine eigene nur wenigen Auserwählten ertheilte Naturgabe. [III, 402]

Der gewöhnliche Mensch hat deren so viel, wie der Kastrat Zeugungskraft. Wer daran zweifelt betrachte die gelehrte Welt. [III, 402]

Autorität wirkt ja allein: Urtheilen will Keiner, im Bewußtseyn eigener Unfähigkeit, sondern wartet auf den Klügeren; statt dessen kommt der Unverschämtere und urtheilt ihm vor, und dann geht die Heerde. [IV/1, 213]

Jeder Dichter stellt von der Natur, sowohl der menschlichen als der übrigen, grade so viel dar, als er davon BEGREIFT: eben darum muß sich Jeder für vortrefflich halten, weil er dargestellt hat was ER erkannte und sein Bild SEINEM Original gänzlich entspricht: auch muß er sich dem Besten gleich setzen, weil er in dessen Bilde auch nicht mehr erkennt als in seinem eignen, d. h. so viel als in der Natur selbst, da seine Augen nicht tiefer reichen.

Woran soll nun der Beste erkennen, daß er es ist? Daran, daß er sieht wie FLACH der Blick der andern war, wie vieles noch dahinter lag, das sie nicht wiedergaben, weil sie es nicht sahen; und wie viel weiter sein Blick reicht. – Wenn der Beste, der Aechte Künstler, die flachen so wenig verstehn und beurtheilen könnte, als sie ihn; so müßte er verzweifeln. Denn grade weil schon ein außerordentlicher Mann dazu gehört, um ihm Gerechtigkeit widerfahren zu lassen und die schlechten ihn so wenig schätzen können, als er sie; muß er lange an seinem eignen Beifall zehren, ehe ihm der Beifall der Welt werden kann. [III, 33]

Verachtung Die ächte Verachtung haßt nicht, sie ist reine Ueberzeugung vom Unwerth des Andern, oder wohl gar der Menschen überhaupt, und mit Milde und Schonung zu vereinigen: weil man seiner Sicherheit und Ruhe halber vermeidet die verachteten Wesen, die doch schaden können, zu reitzen. Kommt aber durch irgend einen Zufall diese leidenschaftslose, aus reiner Ueberzeugung entsprungene, ganz kalte Verachtung zum Vorschein; so schmerzt sie so, daß sie durch den blutigsten Haß erwiedert wird. [I, 402 f.]

Verbrechen & Strafe Es ist doch wahrlich ein monstroser Gedanke, daß der Gott eine Unendlichkeit hat verstreichen lassen ehe er etwas machte (nämlich mich), das er nachher eine Unendlichkeit hindurch will bestehn lassen, welche Unendlichkeit *a parte post* hindurch er es belohnt oder straft dafür daß es ihm nach Wunsch gelungen oder nicht. Hier liegt der Streit des Theismus mit der Freiheit. Der Gott straft sein eignes Machwerk, weil es nicht ist, wie er es wollte. So schlägt das Kind den Stuhl, an den es sich gestoßen. [II, 115]

Verhaltensforschung Um überhaupt den Willen zum Leben, seinem Wesen nach, aus seiner Objektivation recht deutlich zu erfassen, ist es sehr zweckmäßig, DIE SICH SELBST ÜBERLASSENE THIERHEIT zu betrachten, indem man menschenleere Länder ansieht, oder überhaupt die Menschen von der Erde wegdenkt. Wie augenfällig wird da die Nichtigkeit und Vergeblichkeit der ganzen Erscheinung: Welcher Aufwand von Mitteln in den Organisationen und dem Anpassen der Elemente! Und wie so gar kein haltbarer Zweck! Augenblickliches Behagen, langes Leiden, *bellum omnium*, jeder Jäger und gejagt, Gedränge, Mangel, Noth und Angst überall, und das Aeonen und Aeonen hindurch! Das ist die Objektivation des Willens zum Leben. [III, 351]

Vernunft & Tugend Um deutlich zu machen wie sehr etwas anderes VERNÜNFTIG HANDELN sei als TUGENDHAFT HANDELN, ist uns das Leben jedes Philisters ein treffliches Beispiel wie man VERNÜNFTIG bloß seinem Egoismus und seiner Erbärmlichkeit lebt, indem man dem einmal gesteckten und in einem Paar abstrakten Begriffen fixirten Ziel seines jämmerlichen Strebens ohne sich irre machen zu lassen nachgeht. [I, 198]

Verrisse Das SCHLECHTE braucht man nicht »schlecht zu machen«: die Mode, welche ihm etwa Gunst giebt, hat nur einen kurzen Tag: dann sieht es Jeder wie es ist. Durch Tadeln desselben setzt man sich aber immer gewissermaaßen *au niveau* mit ihm: auch ist es immer schwer, der Zeit vorzugreifen; mittelst ihrer aber sinkt das Schlechte durch seine eigne Schwere. Gar zeigen zu wollen, warum das jedesmalige Schlechte schlecht sei, wäre eine Arbeit des Sisiphus. [IV/1, 165]

Verunsicherung Wenn ich nichts habe, was mich ängstiget, so beängstigt mich eben Dies, indem es mir ist, als müßte doch etwas daseyn, das mir nur eben verborgen bliebe. [IV/1, 148]

Volk Dieser undeutliche Traum ist das Leben vieler Millionen nach einander. Sie ERKENNEN durchaus nur zum Behuf ihres gegenwärtigen Wollens: sie besinnen sich nie über den Zusammenhang in ihrem Daseyn, geschweige über das Daseyn selbst: sie sind gleichsam da, ohne es gewahr zu werden. Das Daseyn des bewußtlos dahin lebenden Volkes steht dem des Thieres welches ganz auf die Gegenwart beschränkt ist schon viel näher als unseres und ist eben darum auch weniger qualvoll. [III, 97]

Volkshochschule Meint ihr denn die Philosophie werde nicht seyn wie jedes ächte Kunstwerk, das unerreichbare Maas an dem Jeder seine eigne Höhe mißt? sondern sie werde seyn wie ein Rechnungsexempel das auch der Beschränkteste und geistesärmste sich vollständig aneignen und übersehn kann? [I, 462]

Vorgeburt Daß das KIND im MUTTERLEIBE kein Bewußtseyn hat, geht schon daraus hervor, daß es nicht respirirt. Thätigkeit des Gehirns ist zur Respiration nothwendig; und wahrscheinlich verhält es sich auch umgekehrt so. [III, 150]

Vorurteil Unser Vortheil, welcher Art er auch sei, übt, eben wie unser Wunsch, eine geheime Macht über unser Urtheil aus und was jenem irgendwie gemäß ist erscheint uns alsbald als billig, gerecht, vernünftig, und was ihm zuwider läuft stellt sich uns im Ernst als ungerecht oder abscheulig oder absurd oder zweckwidrig dar, daher so viele Vorurtheile des Standes, der Nation, der Sekte, Religion: die bloße Vorliebe für eine Hypothese ist hinreichend uns nur für das sie Bestätigende Augen zu lassen; während wir blind sind für alles ihr Widersprechende. [III, 334]

Wahrheit Wenn ein Tabulettkrämer den Herren Haarnadeln und den Damen Pfeifenköpfe anbietet, so lacht man über seine Dummheit; – aber wie viel toller ist der Einfall des Philosophen, der die WAHRHEIT zu Markte trägt, und sie an die MENSCHEN abzusetzen hofft: die WAHRHEIT – FÜR DIE MENSCHEN!! – [III, 237]

Wahrheit & Götter Wer die Wahrheit liebt, haßt die Götter. [IV/1, 286]

Wahrheit & Wissen In Wahrheit aber ist alles das, was wir nicht zu wissen uns beschweren, auch wohl an sich selbst nicht WISSBAR. [III, 183]

Weiblichkeit Es ist unausstehlich anzusehn, wie stolz, hoffärthig und schnöde ein vornehmes Weib sich gegen ein niederes gebärdet, indem sie mit ihr spricht: weil bei Weibern aller Unterschied des Ranges viel prekärer ist als bei uns und viel schneller sich ändern und aufheben kann, weil während bei uns 1000 verschiedene Dinge auf die Wagschaale kommen, bei ihnen nur eines entscheidet: WELCHEM MANN SIE GEFALLEN HABEN. Darum sind die Weiber viel schnöder gegen einander als die Männer, auch weil sie, wegen der Einseitigkeit ihres Berufs, einander viel näher stehn als die Männer unter einander; so suchen sie den Standesunterschied mehr hervorzuheben.

[III, 14]

Weisheit Darum auch können Weise zu allen Zeiten leben, und die Weisen der Vorzeit bleiben es für immer: Gelehrsamkeit aber ist relativ und die Gelehrten der Vorzeit sind Kinder gegen uns und bedürfen der Nachsicht. [III, 101]

Ein WEISER ist man nur unter der Bedingung, in einer Welt voll Narren zu leben. [IV/2, 15]

Welt Die WELT IST, und ist wie Figura zeigt: ich möchte nur wissen, wer etwas davon hat. [IV/2, 35]

Weltanschauung Finstre und ängstliche Karaktere werden manche imaginäre, aber weniger wirkliche Leiden antreffen als heitere und sorglose: denn wer alles schwarz sieht und immer das schlimmste befürchtet, wird sich nicht so oft verrechnet haben, als wer stets den Dingen heitre Farbe und Aussicht leiht. [III, 163]

Weltordnung Recht albern sind die physikotheologischen Naturforscher, welche uns die Weisheit anpreisen, mit der dafür gesorgt ist, daß die Planeten nicht mit den Köpfen gegeneinander rennen, Land und Meer nicht zum Brei vermischt, sondern ziemlich auseinander gehalten sind, auch nicht etwa alles in beständiger Kälte erstarrt oder von Hitze geröstet auch kein ewiger Frühling ist, der nichts reifen ließe: – Dies und alles ähnliche sind ja bloße *conditiones sine quibus non*: Wenn es eine Welt geben sollte, die wenigstens so lange als der Lichtstrahl eines sehr fernen Fixsterns zu ihr unterwegs ist bestehn und nicht gleich nach der Geburt wieder abfahren sollte, durfte sie freilich nicht so ungeschickt gezimmert seyn, daß schon das unterste Gestell ihren Untergang herbei zöge.

Aber wenn man auf die Resultate des gepriesenen Werkes kommt, die Spieler betrachtet, die auf der so gezimmerten Bühne agiren, sieht, wie mit der Sensibilität der Schmerz sich einfindet und steigt, in dem Maaße, als jene zur Intelligenz wird, und, mit dieser Schritt haltend, Schmerz, Laster, Thorheit immer mehr sich entwickeln und steigern, bis zuletzt das Menschenleben keinen andern Stoff giebt, als den zu Tragödien und Komödien, – dann wird, wer nicht feige oder verblüfft ist, schwerlich disponirt seyn Hallelujahs anzustimmen.

[III, 214]

Wille Der WILLE ist nicht, wie man bisher annahm, eine Erscheinung des LEBENS allein; sondern das LEBEN ist eine Erscheinung des Willens. [III, 135]

Wissenschaft Wenn REGIERUNGEN DIE PHILOSOPHIE zum Werkzeug ihrer Pläne machen, durch Anstellung von Professoren ihnen gefälliger Lehren u. dgl. m.; so ist dies ein Sakrilegium am Allerheiligsten der Menschheit. [IV/1, 98]

Alle WISSENSCHAFT ist nicht zufällig (d. h. ihrem dermaligen Stand nach) sondern wesentlich (d. h. immer und ewig) UNGENÜGEND. Denn wenn die Physik auch zur Vollendung gediehen wäre, d. h. wenn ich auch jedes Phänomen aus einem andern zu erklären wüßte, so bliebe damit doch die ganze Reihe der Phänomene unerklärt d. h. das Phänomen überhaupt bliebe ein Räthsel. Es wäre um ein scherzhaftes Gleichniß mir zu erlauben immer als befände ich mich in einer Gesellschaft von lauter mir unbekannten Personen, davon jeder mir den andern als seinen Freund und Vetter präsentirte, ich aber indem ich mich jedesmal über den Präsentirten zu freuen versicherte dabei doch beständig die Frage auf den Lippen hätte: »aber wie Teufel komme ich denn zu dieser ganzen Gesellschaft?« [I, 208]

Wortwerdung Wenn unser Denken Worte gefunden hat, ist es schon nicht mehr einig, noch ganz und gar ernst. Wo es anfängt für Andre dazuseyn, hört es auf in uns zu leben wie das Kind sich von der Mutter ablöst. [III, 42]

Zeit & Zeitgenossen Daß die Geschichten der Wissenschaften und Künste nicht, wie man doch durchaus erwarten müßte, bloß ein Bild der unsäglichen, ZAHLLOSEN VERKEHRTHEITEN UND ABGESCHMACKTHEITEN DER MENSCHEN sind, kommt daher, daß sie im Ganzen nur von den Ausnahmen Bericht erstatten, und daß nur von den verständigen, geistreichen, genialen Menschen, d.h. nur von Einem aus Tausenden die Spuren sich erhalten: die ZAHLLOSE übrige Menge verschwindet auch dem Andenken nach: und daher, wenn man Geschichte der Künste und Wissenschaften liest, oder die aufbehaltenen Werke betrachtet, denkt man, das Menschengeschlecht sei ganz gescheut. Betrachtet man aber, zu welcher Zeit es auch sei, in der Nähe die gegenwärtig entstehenden Produktionen und ihre Producenten, liest man z.B. die binnen der letzten Jahre (jeder möglichen Zeit) erschienenen Bücher, oder geht in die Ausstellungen der lebenden Mahler, oder spielt die neusten Musikalien; so hat man allemal nichts als Pfuscherei und sieht die ganze Jämmerlichkeit des Menschengeschlechts. Wer selbst von solchem Schlage ist, dem gefällt es recht gut. [I, 296]

Zeugung Dem WILLEN ZUM LEBEN ist das Leben immer gewiß: dann es ist eben nichts als jener Wille selbst, oder vielmehr nur SEIN SPIEGEL. Den TOD hat jener Wille nicht zu fürchten, denn der Tod ist nur ein zum Leben Gehörges, das seinen entgegengesetzten

Pol hat in der ZEUGUNG: innerhalb dieser Pole liegt das Leben. Daher, wer das Leben will, will auch den Tod. [I, 166]

Dafür daß der Eine die Wollust der Zeugung genossen hat, muß der Andre leben, leiden und sterben. Wie sollten sie nicht EINES seyn? [III, 217]

Zielgruppe Das was wir von einem Freunde fordern und das was wir uns von uns selbst versprechen bestimmen wir nach dem Maaßstab seiner und unsrer besten Augenblicke, und daraus erwächst Unzufriedenheit mit Andern mit uns und mit unserm Zustand. [I, 139]

Zoologe Mancher Zoolog ist doch im Grunde nichts weiter als ein Affen-Registrator. [IV/1, 195]

Zorn Unser ZORN wird sehr entwaffnet, wenn man uns erinnert: »es ist ein UNGLÜCKLICHER.« Aber dies gilt von jedem und sollte uns zu einer allgemeinen Geduld und Langmuth bestimmen. [IV/1, 166]

ANHANG

DIE KRITIK
DER KORRUPTEN VERNUNFT

»Man soll nicht denken, er sei außer Mode. Er war nie in Mode, deshalb kann er auch nicht außerhalb sein.«

Ludwig Marcuse

Hegel hat seine Kongresse, Marx sowieso, Kant neuerdings wieder: sie alle, mit Recht, TV-würdig. Die Werke großer Theoretiker wie Platon, Kant, Hegel, Kierkegaard, Nietzsche, Freud, Russell, Sartre, Adorno, Horkheimer – von Marx und Marxisten bis in die fünfte Generation und Garnitur nicht zu reden – sind in zahlreichen preiswerten Studien-, Auswahl- und Gesamtausgaben kommerziell kalkulierender Taschenbuchverlage palpabel präsent. Schopenhauer nicht. Mit ihm ist anscheinend kein Geld und sicher kein Staat zu machen.

Als Kants Geburtstag in allen bedeutenden Blättern simultan gefeiert wurde, überschrieb Jean Améry sein Memorandum: *Die Welt im Kopf.* Und er bedankte sich für den Titel bei Elias Canetti; der mag ihn neu erfunden haben, doch diese kürzeste Formel für den Kantischen Idealismus stammt von Schopenhauer. »Der rechtmäßige Thronfolger Kants«, wie er sich selbst nannte, kam in keiner Kant-Laudatio vor. Dafür haben die Marxisten Kant offiziell rehabilitiert und zum »Vorläufer« deklariert. Merkwürdig in diesem Zusammenhang, daß selbst linientreue Philosophen und Schriftsteller von einiger geistiger Redlichkeit unter immerwährendem Ideologieverdacht stehen – solange sie leben; während von den toten Größen auch der abwegigste Renegat gern für die eigene Sache reklamiert wird – wenn er brauchbar wird.

Bei Schopenhauer besteht keine Gefahr. Politikern, Ideologen, Revolutionären, Unternehmern und anderen nützlichen Menschen wird sein Werk nicht nur immer unbrauchbar, sondern immer auch verdächtig bleiben: er liefert keinen besten Staat, nicht einmal den Traum davon; keinen Sinn des Lebens; keinen Gott; kein Absolutum; keine Wirklichkeit, die vernünftig ist; und auch nicht einen blassen Schimmer von Prinzip Hoffnung. Er prophezeit keine große Befreiung und keine Aufhebung der Entfremdung; auch nicht das Ende der Welt, o nein; er ist wirklich ein Pessimist (was man von ihm weiß, wenn man nichts von ihm weiß), kein Untergangsbeschwörer, da wäre ja wenigstens ein Ende abzusehen, ein Ziel, etwas Definitives. Schopenhauer konstatiert nur: Das Furchtbare besteht gerade darin, daß und wie die Sache läuft und weiterläuft ...

Die Hegelianer aller Richtungen beliefern auch weiterhin die Universitäten; ihre Wahnwelten und Rechtfertigungen sind staatserhaltend, auch wo sie sich staatsfeindlich äußern; da weiß doch jeder, mit wem und um was er kämpft: um Macht. Der offiziell abwesende Schopenhauer ist anders gegenwärtig. Aus ihm ließ sich nichts für Fraktionen und Formationen abzapfen; seine Wirkung ging und geht auf den Einzelnen. Einzelne davon sind bekannt: Jean Paul, Hebbel, Grillparzer, Nestroy, Gutzkow, Herwegh, Nietzsche, Jakob Burckhardt, Raabe, Fontane, Wilhelm Busch, Tolstoi, Maupassant, Huysmans, Tschechow, Wedekind, Karl Kraus, Georg Kaiser, Thomas Mann, Proust, Gide, D.H. Lawrence, Maugham, Italo Svevo, Hesse, Benn, Kafka, Tucholsky, Erich Kästner, Doderer, Ludwig Marcuse, Horkheimer, Karl R. Popper, Beckett, Arno Schmidt, Hans Wollschläger. Gewiß nicht alles ›Schopenhauerianer‹, aber sie alle verdanken Schopenhauer Wesentliches. Kein anderer Philosoph hat einen vergleichbaren Einfluß auf die europäische Literaturgeschichte genommen. Wenn man allerdings definieren oder auch nur plausibel machen soll, was diese heterogenen Gestalten miteinander verbindet, das sich als ›Schopenhauer-Einfluß‹ destillieren ließe, gerät man in Verlegenheit.

Vielleicht gibt der Mann Auskunft, der als einziger denn doch eine Schule gegründet und Schule gemacht hat: Sigmund Freud. Schopenhauer hat – nach den Worten Thomas Manns – »Freud anticipiert vor Nietzsche, der immer sein Schüler blieb. Seine ganze Setzung des Verhältnisses von Wille und Intellekt ist ja im Grunde Enthüllungs-, Demaskierungspsychologie.«

»Demaskierungspsychologie« ist wohl der Treff-Punkt. Auch Ursache der Verdrängung Schopenhauers im Zeitalter der ›sozialen Relevanz‹ mit anschließendem ›Ja zur Leistung‹?

> *»Kopernikus, Schopenhauer, Darwin und Freud gehören zusammen, in ihrer Demütigung des Herrn der Welt. Schopenhauers Mission war es, Schluß zu machen mit den plumpen, auch mit den subtilsten Vertuschungen.«*
>
> Ludwig Marcuse

Dennoch, es bleibt ein Rätsel: Der mit Abstand unterhaltsamste, lesbarste, weil sprachlich redlichste Philosoph ist in der gegenwärtigen geistigen Diskussion nicht existent. Sein *Handschriftlicher Nachlaß*, der jetzt, 115 Jahre nach seinem Tod, in fünf Folgen und einer Auflage von sage und drucke 500 Exemplaren erstmals vollständig vorliegt (Herausgegeben von Arthur Hübscher. Frankfurt a. M.: Waldemar Kramer, 1966–1975), wurde bislang in keinem Feuilleton rezensiert oder auch nur vorgestellt. Dabei läßt sich eine amüsantere, spannendere Lektüre in der philosophischen Literatur unserer Tage schwer finden. Gerade hier, in seinen aphoristischen Aufzeichnungen, Notizen, Essays, Sentenzen, von der Entscheidung um Annahme oder Ablehnung eines Systems suspendiert, kann man einem erstrangigen, niemals langweiligen Stilisten und ungemein modernen Psychologen begegnen, dessen Beobachtungen, Analysen und Entlarvungen tatsächlich eine ›kopernikanische Wende‹ des Bildes vom Menschen von Menschen eingeleitet haben.

Schopenhauer umkreist und trifft immer wieder den Kernpunkt seiner Entdeckung: Der Geist, der Intellekt, die Vernunft ist das Sekundäre; der Trieb, das Unbewußte, der Lebenswille das Primäre. Der ›Wille‹ – Schopenhauers Wort für die durchgängige Triebstruktur wie Freuds ›Es‹ – schreibt der Vernunft vor, was sie zu erkennen hat. Der Intellekt läuft am Gängelband; erkennt und agiert im Auftrag; ist zur Dienstleistung und Rechtfertigung dessen ein- und abgestellt, was wir *vor* aller Vernunft wollen: Dasein und Wohlsein.

Nach allen Theorien will der Mensch, was er erkennt. Nach Schopenhauer erkennt der Mensch, was er will. Mit begnadet bösem Blick findet er immer neue Beispiele und Beweise, diese Dependenz zu verdeutlichen: Der schreiende strampelnde Säugling lebt nicht, weil er nach sorgfältiger Inaugenscheinnahme seiner Umwelt zum wohlerwogenen Urteil über ihre Vortrefflichkeit gelangt ist und also beschließt, das Leben sei lebenswert –: »Der Wille zum Leben ist das einzige *absolute*: denn er allein, das Lebenwollen, Daseynwollen, in allen Wesen, steht schlechthin fest, versteht sich von selbst und bedarf nicht, wie alles andere, welches deshalb eben *relativ* ist, der Gründe und Motive: diese würden auch nicht zu finden seyn; da das Leben ein Geschäft ist, welches die Kosten bei weitem nicht deckt.« Schopenhauers Diagnose: Was wir, die voreilig selbsternannte Krone der Schöpfung, so Vernunft nennen, ist korrupt, nämlich vom Interesse an eigner Wohlfahrt bestochen:

»Was unserem Herzen widerstrebt, das läßt der Kopf nicht ein. Unser Vortheil, welcher Art er auch sei, übt eben eine Macht über unser Urtheil aus und was jenem irgendwie gemäß ist erscheint uns alsbald als billig, gerecht, vernünftig, und was ihm zuwiderläuft stellt sich uns im Ernst als ungerecht oder abscheulig oder absurd dar. Deswegen so viele Vorurtheile des Standes, der Nation, der Religion.« – Und deswegen sehen wir den Intellekt als Erkenntnismittel höchst brauchbar, wo es um Vorteile, Nutzen, Profitchen geht; und deswegen sind Unternehmer, Händler, Technokraten stets und überall wohlversorgt und hochgeehrt. Und deswegen ist die Vernunft als Mittel ›objektiver‹, ›voraussetzungsloser‹ Erkenntnis grundsätzlich untauglich, nur annäherungsweise möglich. Auch Philosophie, Kunst, reine Wissenschaften beziehen ihren Auftrag vom Willen; und wo sie annäherungsweise ›rein‹ auftreten, also zu einer Selbsterkenntnis des Willens führen, werden sie sekretiert, verdrängt oder verfolgt: einmal, weil sie ›nutzlos‹ sind, sodann, weil der Wille nicht durchschaut werden *will* – die Wut Calibans, der sein Gesicht im Spiegel sieht.

Daß Philosophie, Kunst und Wissenschaft trotzdem ein Schrebergärtchen-Dasein fristen dürfen, findet eine einfache Begründung: Die Philosophie hat schon manchen Brocken für Politiker abgeworfen; aus der ›reinen Wissenschaft‹ gewinnt man Bomben und Plastik; Kunst kann Handelsware werden; und wem es säuisch schlecht – oder gut – geht, der kriegt dann auch noch metaphysische Bedürfnisse. Religionen und Kirchen sind mit seelischen Bruchbändern zur Stelle, der Weltgeist verteilt Trostpflaster, die Unsterblichkeit wird gratis geliefert: na klar, mein Freund, so ein Prachtkerl, der muß doch einfach ewig leben; oder, zum Aussuchen: Die befreite Gesellschaft kommt bestimmt, nur Geduld, nur noch ein paar Granaten schmeißen und Flugblätter verteilen, und alsbald wird eine große Herrlichkeit eintreten. Und deswegen macht eben ein Freud Schule und kein Schopenhauer, nicht weil ein Mann von so seltener Integrität wie Freud aufs Anwachsen seines Bankkontos spekuliert hätte, sondern weil sich mit der Psychoanalyse eine Industrie aufziehen ließ.

Man hat Schopenhauer einen »Irrationalisten« genannt, womit wohl was ganz Schlimmes gemeint sein soll. Die Bezeichnung ist insofern zutreffend, als Schopenhauer die allgemeine irrationale Basis aufgezeigt hat. Dies allerdings mit höchst rationalen Mitteln, als einen Akt der Aufklärung über das, was ist. Eine Rechtfertigung hat er nicht mitgeliefert, ganz im Gegenteil. Nicht er hat die ›Vernunft aufgegeben‹, sondern sie benutzt zum Nachweis der Lage, daß die Vernunft überhaupt nur ausnahmsweise als ›reine Vernunft‹ auftritt. Pessimismus – das meint nicht Schwarzmalerei, sondern Zustandsbericht. »Wer zu Schopenhauers Zeit, ja um die Jahrhundertwende, es gewagt hätte, die Geschichte bis zum gegenwärtigen Augenblick vorauszusagen, wäre als blinder Pessimist verschrien worden. Schopenhauer war ein – hellsichtiger Pessimist.« So der Marx- *und* Schopenhauer-Schüler Max Horkheimer.

Beliebter allerdings bleiben Lebenshilfe-Feuilletons à la: Der Soldat kam nach Haus, Bein ab, Ohr ab, die Alte durchgebrannt, ein wasserköpfiger Wechselbalg in der Krippe; doch »Geblieben ist ihm die treue Mundharmonika . . .« oder »Sieh, die Tautropfen glitzern am Halm . . .« oder »Die Arbeit in der Partei gab ihm Solidarität und Hoffnung, daß bald die Kriege ein Ende haben . . .« Derartige Gut-Gemeinheiten finden sich, vornehm verkappt, bei Platon bis Bloch. Bei Schopenhauer nicht: »Der Optimismus ist eine absurde, ja ruchlose Denkungsart und ein bitterer Hohn auf die Leiden der Menschheit.« Der Pessimismus wird zur Begründung des Atheismus: »Wenn wir die Welt ansehen wollen als das gelungene Werk eines allwissenden und allgütigen Schöpfers; so wird das Elend und die verzerrte Gestalt der Welt zur bitteren Anklage gegen diesen Schöpfer: Wie wagtest Du die heilige Ruhe des Nichts abzubrechen, um eine solche Masse von Wehe und Jammer hervorzurufen!«

»Er war ein Aufsässiger – im Vergleich zu ihm war Marx nur auf kleine Reformen aus. Nicht Marx, Schopenhauer ist in einem sehr ernsten Sinne subversiv.«

Ludwig Marcuse

Ich kenne einige ganz Linke, viele recht Liberale (ganz Rechte kenne ich nicht), die heimlich, privatim Schopenhauer zur Erholung lesen, sich mit ihm aber nicht öffentlich kompromittieren wollen: »Das über die Weiber – großer Blödsinn – aber köstlich – Und war der nicht bei der Märzrevolution ...?« Ja, er war. Schopenhauer war – in seiner Eigenschaft als kleinkapitalistischer Rentner – stockkonservativ, reaktionär, elitär und ganz gewiß kein Softie. Das waren und sind viele andere auch. Er kann es sich leisten, daß man ihn nicht zum Säulenheiligen stilisiert, daß man seine Abgründe und Grenzen nicht zuschmiert; wäre der Rentner Schopenhauer allerdings nichts als ein Reaktionär gewesen, gäbe es keinen Grund, ihn erneut zu bedenken zu geben. Sein Werk liefert ja gleichzeitig die beste Erklärung, warum er sich in seinen Tagesäußerungen konservativ gab: das persönliche Interesse, der ›Wille‹ des Arthur Schopenhauer: Ein Umsturz hätte ihn vielleicht sein bescheidenes Vermögen und damit seine Unabhängigkeit gekostet. Es gibt auch noch einen ›objektiven‹ Grund: Die demokratische Bewegung von 1848 trat im Gewand des Nationalismus auf, der dem Europäer Schopenhauer – wie übrigens auch dem Europäer Heinrich Heine – über alle Maßen zuwider war. Die politische Reaktion jedenfalls konnte Schopenhauer nicht einspannen. Seine Kritik an Hegel nahm die linke Hegel-Kritik vorweg: »... ›was wirklich ist, ist vernünftig‹ und dergleichen – Die letzte Applikation wird zum *Jesuitischen Kniff, alle bestehenden Einrichtungen zu sanktionieren.*«

Überhaupt kann man im *Handschriftlichen Nachlaß*, den Manuskriptbüchern, wo er sich ungeniert ausspricht, einem verblüffend ›linken‹ Schopenhauer begegnen, mit bedenkenswert scharfsinnigen Analysen zu Recht, Gesellschaft und Politik – freilich ohne Illusionen. Mit Marx und den Anarchisten meint Schopenhauer, daß »die Menschheit auf der höchsten Stufe keines Staates bedürfte«. Aber Schopenhauer hat dies – im Gegensatz zu Marx und den Anarchisten – nie in Aussicht gestellt. Nicht weil das nicht wünschenswert wäre, sondern weil das Wünschenswerte wahrscheinlich – prüft man den Verlauf der Dinge bis dato – erst am St. Nimmerleinstag in Wolkenkuckucksheim mit dem Wirklichen zusammenfällt.

Neben dem Gegensatzpaar links – rechts läßt sich auch das Gegensatzpaar Aktionist – Nihilist feststellen. Der moderne Nihilismus geht, nach Gottfried Benn, unmittelbar auf Schopenhauer zurück. Der Nihilist Schopenhauer gibt ein Abbild der Welt, wie sie ist: Ein empörendes System, das dadurch existiert, daß einer den anderen auffrißt; er sieht den Januskopf des Fortschritts: Die Abschaffung eines Übels produziert neue, die Vervollkommnung der Technik ist dienstbar für Frieden *und* Krieg, die Sensibilisierung des Menschen macht ihn empfänglicher für Genuß *und* Schmerz – immer ist das eine nicht ohne die Kehrseite zu haben. Philosophie, Kunst, Wissenschaften, ›wofür zu leben lohnt‹, wie man so sagt, sind aus der Not geboren. Wäre das Leben problemlos, blieben von der Literatur allenfalls einige Lobgesänge auf verdiente Sportler übrig, wie bei Swifts glücklichen Houyhnhnms.

In Schopenhauer hat die Desillusionierung ihre Spitze erreicht; gleichzeitig hat keiner vor oder nach ihm dem Bestehenden, dem stumpfen ›so ist es nun einmal‹, so erbarmungslos-erbarmungsvoll den Prozeß gemacht. Mit Schopenhauer kann der ›neue Konservativismus‹ kein Kader schmieden.

»Aber das ist erst die halbe Geschichte. Die heute verschlissene Schopenhauer-Wendung ›Tat twam asi‹ (Das bist du) manifestiert ein Humanum, das weiter ist als die Kantische Vernunft, als die Hegelsche Freiheit, als Marx'st sozialpolitische Gerechtigkeit. Ich übersetze Tat twam asi mit: Wir-sind-alle-arme-Teufel. – Ohne den kategorischen Imperativ ›Mitleid‹ ist die menschliche Lage und die höchste Möglichkeit nicht voll erfaßt.«

Ludwig Marcuse

Engagierte jeder Couleur – besonders später die Marxisten, allen voran Georg Lukács, der Schopenhauer für den Nationalsozialismus mitverantwortlich machte – haben gegen den ›Defätismus‹ des ›Reaktionärs‹ Schopenhauer gewütet, dessen politische Haltung 1848 die Denunziation leicht gemacht hat. Hegel, natürlich, steht für Lukács auf der deutschen ›Heilslinie‹. Die Retourkutsche, die den Stalinisten Lukács, den Naphta vom Zauberberg, nun zur Besichtigung des Archipels Gulag karrt, wäre zu billig zu haben. Aber in Sachen Hegel sind Redlichere zu andern Ergebnissen gekommen: zuletzt Karl R. Popper zum Beispiel.

Schopenhauer hat nie einen Zweck vorgeschoben, der die Mittel heiligt. Davor hat ihn sein Pessimismus bewahrt: Da ist kein Zweck, die Mittel sind bereits die Zwecke. Für Hegels Bienenstock-Theorie vom »Staat als vollendete ethische Organisation« hat er nur Verachtung übrig. Der Staat nach Schopenhauer ist keine ›moralische Anstalt‹, der dem Einzelnen Vorschriften zu machen hat; seine einzige Aufgabe besteht darin, dafür zu sorgen, daß keinem Unrecht geschieht, nach dem schlichten Grundsatz: *Quod tibi fieri non vis alteri non feceris.* Schopenhauer hat keine Soll-Ethik aufgestellt; sein Kommentar zum kategorischen Imperativ des sonst verehrten Kant: »Moral predigen ist leicht. Moral begründen schwer.«

Wirkliche und wirksame Moral findet nicht in Belehrung, nur im Mitleid ihren einzigen und einfachsten Ausdruck.

Mitleid – nicht nur so als Gefühl – das auch –, sondern als besseres Bewußtsein: sich im Andern erkennen; und: Warum geht es mir besser als anderen? Aber mit Machtmitteln durchsetzen läßt sich das nicht, wirksam wird es nur im Einzelnen, wo es sich als Tatsächlichkeit erweist. Verlangen läßt sich nur eins: »Sei tolerant. Es ist verfluchte Schuldigkeit.«

Schopenhauer könnte heute Bescheidenheit lehren. Man braucht nicht unbedingt weitere hundert Jahre Geschichtsverlauf abzuwarten, um zum Beispiel die Unterschiede zwischen Adolf Hitler oder einem konservativen politischen Biedermann unserer Republik zu erkennen. Was Schopenhauer damit zu tun hat, sagt Max Horkheimer:

»In seinem Werk wird nichts versprochen. Weder im Himmel noch auf Erden, weder für entwickelte noch für unentwickelte Völker hält es jene völkische Größe bereit, der die Führer jeder politischen und jeder Haut-Färbung ihre Gläubigen entgegenführen wollen ... Das Denken Schopenhauers ist unendlich aktuell ... seine Philosophie spricht in Vollendung aus, was die Jugend heute ahnt: daß es keine Macht gibt, bei der die Wahrheit aufgehoben wäre ... Die Lehre Schopenhauers hat in der Gegenwart schon deswegen Bedeutung, weil sie unbeirrbar die Götzen denunziert und sich doch weigert, in der schlauen Vorstellung dessen, was je schon ist, den Sinn der Theorie zu sehn. Indem sie das Negative ausspricht, wird das Motiv zur Solidarität der Menschheit überhaupt erst freigelegt: die Verlassenheit.«

Zuerst im ›Merkur‹, Dezember 1975

SCHOPENHAUER UND DIE ZUNAHME DER ABGREIFER

»Am Abend dieses Tages sprach ich ihn zum letzten Mal. Er sass auf dem Sofa und klagte über intermittierende Palpitationen; während seiner Stimme nichts von der gewohnten Stärke fehlte. Er las in D'Israeli's curiosities of literature, die ihm eine leichte Unterhaltung gewährten, und hatte die Stelle aufgeschlagen, welche von den Autoren handelt, die ihre Verleger zu Grunde gerichtet hätten. ›Dazu hätten sie mich auch beinahe gebracht‹, sagte er scherzend ... Unter diesen Betrachtungen war er wärmer und weicher geworden als ich ihn jemals gesehen hatte.«

Wilhelm Gwinner, »Arthur Schopenhauer aus persönlichem Umgange dargestellt«, Leipzig: F. A. Brockhaus 1862

Vor zwölf Jahren hatte ich schon einmal Gelegenheit, anläßlich Schopenhauers pathetisch zu werden. Damals, o glückliche Zeit, konnte noch mit starken Worten des Abscheus und der empörten Verwunderung die ziemliche Absenz Schopenhauers auf dem deutschen Büchermarkt angeprangert werden: »Platon, Kant, Hegel, Kierkegaard, Nietzsche, Freud, Russell, Sartre, Adorno, Horkheimer – von Marx und Marxisten bis in die fünfte Generation und Garnitur nicht zu reden – sind in zahlreichen preiswerten Studien-, Auswahl- und Gesamtausgaben kommerziell kalkulierender Taschenbuchverlage präsent. Schopenhauer nicht. Mit ihm ist anscheinend kein Geld und sicher kein Staat zu machen« (›Merkur‹, Nr. 331, Dezember 1975). Das hat sich dann im folgenden resp. jetzt verflossenen Dezennium gründlich geändert, und ich darf sagen, ich bin dabeigewesen.

Wie kommt's? Steht Schopenhauer wirklich am Anfang einer neuen Wirksamkeit? Weist nicht die ringsum ausweglose Lage und die Ahnung einer endgültigen Katastrophe auf seine Diagnose dieser Welt als der schlechtesten aller möglichen zurück? Irgendwas wird's schon werden, das uns umbringt: die wahnsinnig angewachsene, sich weiter potenzierende Weltbevölkerung von über 5 Milliarden Menschen – die größte real existierende Monokultur auf diesem Planeten, die jetzt die entsprechende Anfälligkeit für Seuchen, Aids ist die erste der neuen Art, zeitigt; oder der damit zusammenhängende Zusammenbruch des Ökosystems läßt sich noch drastischer beschleunigen; oder einige der reichhaltigen Nuklearwaffen werden doch noch ausprobiert – ist ja eh wurscht, auch hier können wir die Auslese des tüchtigsten Verfahrens abwarten. All unsere gegenwärtigen Probleme hat Schopenhauer richtig gesehen und analysiert, und das Vertrauen in die Strahlkraft seiner Philosophie wäre weitaus größer, wenn diese nicht auch die Lehre von der grundsätzlichen Unbelehrbarkeit der Menschheitsmajorität ebenso enthielte wie die von der unwiderstehlichen Macht persönlicher fixer Profitchen vor jeder Vorstellung vor einer verendenden Erde: der Wille, der eigene Vorteil, ist das Primäre; die Vernunft ist das Sekundäre. Ich weiß nicht, ob es noch lange Spaß macht, Recht zu behalten. – Mag sein, daß einige Einzelne Schopenhauer erst jetzt entdecken.

Die gegenwärtige Schopenhauer-Konjunktur erklärt das nicht. Die hat mit Gesetzmäßigkeiten des Buchhandels zu schaffen, die man sich nicht primitiv genug vorstellen kann: Wenn irgendein Weihetermin ansteht, also ein möglichst (beliebter) runder Geburts- oder ein (nicht ganz so beliebter) runder Todestag, dann zeigt sich das Buchwesen von seiner ganzen Leistungsfähigkeit: kaum ein Verlag, der nicht wenigstens mit einem Breviergebinde dabei wäre. So hatten wir ein Goethemassiv, einen Lutherberg, wahre Bachfluten und am 22.2.1988 ist der 200. Geburtstag

Schopenhauers, der es verglichen mit seinen Vorgängern immerhin zu einem ansehnlichen Rinnsal an Veröffentlichungen gebracht hat.

Neu hingegen, wohl im heimlichen Wissen um die alsbaldige Verderblichkeit der Ware, ist das Tempo, mit der die einschlägigen Souvenir- und Devotionalien-Werke immer früher vorm eigentlichen Festtag schon da sind, also ein Jahr ist da nichts, auch die Presse stellt sich auf die neue Beschleunigung ein: die FAZ z.B. zieht bereits am 17.11.87 Schopenhauer-Bilanz, wo doch die eigentliche Ernte 88 noch aussteht. Auch dort dann die zum Ritual gewordene Exküse, daß es eigentlich solcher Anlässe, die der Kalender setzt, nicht bedürfen dürfte, um die Aktualität unseres geistigen Erbes neu zu erproben. Nein, bedarf es nicht, weiß Gott nicht. Wenn hingegen die Stuttgarter Zeitung vom 3.1.87 meint, »die Hauptwerke Schopenhauers gab es immer zu kaufen, und auch immer billig«, so stimmt zumindest letzteres nachweislich nicht. Und jetzt ist wohl doch der Punkt gekommen, wo ich ein bißchen von mir und von früher erzählen muß.

Wie war alles gekommen? So im Alter von 14 bis 18 Jahren bildete sich der private Kosmos von persönlich prägenden Lieblingsautoren, die irgendwo irgendwie, so disparat, ja untereinander verfeindet oder sonst geradezu sich ausschließend sie auch sein mochten, doch dies gemeinsam hatten, nämlich daß sie alle um Schopenhauer wie um eine heimliche Mitte zentriert waren und auf ihn zurückwiesen, ob Thomas Mann oder Arno Schmidt, Erich Kästner oder Italo Svevo, Gottfried Benn oder Guy de Maupassant, Tolstoi oder Tucholsky. Und es bedurfte wohl doch als letzten Anstoß zu Schopenhauer des Zwischenspiels Nietzsche, den ich bei aller Bewunderung instinktiv nicht mochte und nicht mag (zu viele Ausrufungszeichen und Gedankenstriche, zu schrill und hektisch und gehäckselt das Ganze, und der Zarathustra ist, Gott verzeih's mir, von verkitscht aufgedonnertem Pathos). Dann also mit 16 Jahren Schopenhauer, also das war es. Ich habe ihm seither die aktive Treue gehalten. Wenn ich heute, nach dritter revidierter Befassung mit seinem Werk und seinen Folgen, zusammenfassen müßte, und das soll ich ja wohl, warum noch mal Schopenhauer? dann sei dies zur Antwort:

Da ist zunächst die ganz eigentümliche Sprache, der Schopenhauer-Sound: genau, geduldig, ob man's auch ja kapiert hat, plastisch, drastisch – und was so deutlich und exakt auftritt, ist immer auch komisch. Er zählt mit Montaigne, Voltaire, Swift, Lichtenberg, Lessing, Thoreau, Poe zu den Dichter-Denkern, die fernab von der philosophischen Zunft zu uns sprechen, die sich auch wirklich verständlich mitteilen, die kein System verkaufen wollen, oft genug die eigene Ratlosigkeit zugeben. Bei aller Anstrengung: ich kann Kant nicht lesen, sowenig wie Fichte, Schelling, Schleiermacher oder Hegel.

Warum ich wieder und wieder mit Schopenhauer komme: Hier müht sich einer, ernstlich und gründlich genau das zu vermitteln, was in seinem Kopf vorgeht, er will genau verstanden werden und geht dabei so sukzessive und von allen Seiten und die Dinge vom entgegengesetzten Standpunkt wiederholend und alles abwägend und erprobend vor, wie ich das von keinem anderen Autor kenne, ja er geht bis an die Grenze des überhaupt Mitteilbaren (hier wüßte ich nur noch einen zu nennen, der nicht nur das Gedachte, sondern die Bewegung und Stimmung des Gedachten auch bis in die letzte Gehirnwindung hinein exakt so vermitteln möchte: Arno Schmidt). Das setzt eine große tapfere Ehrlichkeit und ein gerüttelt Maß an Selbstvertrauen voraus, daß die so ausgebreitete Mitteilung auch tatsächlich standhält.

Da wäre dies Standhalten: Schopenhauer ist bis heute der größte Durchblicker geblieben. Er, nicht Sigmund Freud, hat die dritte Kopernikanische Wende vollzogen – die daher richtiger die Schopenhauersche Wende heißen sollte. Die erste, die eigentlich kopernikanische – die Erde ist nicht Mittelpunkt des Universums –; die zweite, die Kantische – wir erkennen die Welt nicht so, wie sie an sich ist, sondern wie die Breimasse in unseren Schädeln konditioniert ist; die dritte, die Schopenhauersche: Wir handeln durchaus nicht vernunftgemäß, sondern unsere Vernunft ist bei unseren Trieben bedienstet. Die Fülle von Schopenhauers psychologischen Einsichten ist so bedrückend wie beglückend und hat bis in lächerlichste Einzelheiten auf die Psychoanalyse, bis zur Verhaltensforschung und die derzeit angesagte Evolutionäre Erkenntnistheorie eingewirkt.

Da ist Schopenhauers aufgeklärter Pessimismus. Keine Schutzsuche bei Glauben, Religionen, Sternen, Geschichte, Prinzip Hoffnung, Erlösung, im Gegenteil, er bewahre uns von allen Erlösern. Er ist der Vollender der Aufklärer, denn er hat der Aufklärung den Optimismus genommen, daß die Menschheit einer großen Herrlichkeit entgegengeht. Er hat uns unsere Destruktionstriebstruktur ins Bewußtsein gehoben.

Schopenhauers Pessimismus meint nicht Schwarzmalerei, allerdings Schwarzseherei dort, wo es in der Tat finster um uns ausschaut. Er hat das Mißtrauensvotum gegen jede Art von Urvertrauen gültig formuliert: Da ist kein guter Vater-Gott, nur die Einsicht in eine per Konstruktionsprinzip bestialische Welt, die dadurch lebt, daß einer den anderen auffrißt. Dazu die Entlarvung aller Hoffnungsvorstellungen – ob vom ewigen Leben, einem belohnenden oder – die anderen, nicht mich, versteht sich – strafenden Gott – einem Sinn der Geschichte – alles Wahn weil Wunschvorstellungen.

Die erste Lektüre war ein derart erschütterndes und befreiendes Erlebnis, daß dergleichen mit dem Wort Lektüre eben viel zu schwach umschrieben ist, so liest man nur einmal, das war eine Operation am Star, die Welt wurde ab da ganz anders gesehen – und ich habe seitdem aufgehört, bestimmte Erwartungen in sie zu setzen. Diese Lektüreerfahrungen sind allerdings so privater Art, wie ich dann – der zweite Starstich – feststellen mußte, daß sie durchaus nicht übertragbar sind. Ich kenne Freunde, Autoren, denen das nichts sagt, oder, was noch häufiger ist, die das nicht sehen und wissen wollen. Letzteres scheint mir auch fast natürlich, denn wir sind durch und durch optimistisch programmiert, weil das Alltagsleben nur nach dem Prinzip Hoffnung funktionieren kann. Weswegen nebenbei der gegenwärtige Schopenhauer-Boom eh ein schnell abfackelndes Strohfeuer sein wird: Pessimismus, und das heißt Einsicht in unsere, gelinde gesagt, unangenehmen Eigenschaften, kann nicht populär werden, zumindest keine Popularität behaupten; unsere auf Optimismus, Lebenmüssen codierte Struktur will Bestätigung, Aufbau, Aufmunterung: Weiter so, es wird schon, muß ja, das Paradies kommt bestimmt. Deswegen werden Heilslehren, gleich welcher Art – ob politisch als Traum vom besten sozialistischen oder demokratischen Staat – oder derzeit vorwiegend privatistisch-mystisch durch die zahllosen Psychoheilprogramme repräsentiert und praktiziert –, immer die größere Konjunktur, den größeren Zulauf haben, wenn ein Programm verschlissen ist, kommt das nächste, wie Stretching auf Aerobic gefolgt ist.

Die Einrichtung dieser Welt besteht in der Unfähigkeit des Verstandes, seine sämtlichen Inhalte zu koordinieren. Wir leben dahin auf einem Inselchen der Unwissenheit inmitten von Schwarzmeeren aus Unendlichkeiten; und es war nicht vorgesehen, daß wir größere Reisen unternehmen sollten. Bereits jetzt haben uns die Wissenschaften, die nach allen Richtungen auseinanderstreben, ziemlichen Schaden zugefügt; aber der Tag wird kommen, wo das Aneinanderhalten divergierender Erkenntnisse derart fürchterliche Ausblicke in die Realität und unsere arme Stellung darin vor uns auftun wird, daß wir, ob der scheußlichen Offenbarung, entweder wahnsinnig werden müssen, oder aber uns aus der tödlichen

Helligkeit in den Frieden und die Sicherheit eines neuen Dunklen Zeitalters zu flüchten haben werden. – Die Verdrängung von Schopenhauers Einsichten spricht sehr für letzteres, und auch das hat bereits Schopenhauer richtig gesehen, sogar die Begriffe Verdrängung und Flucht in Krankheit und Wahn bei zu schmerzlichen Einsichten und Erfahrungen hat er erkannt und verwendet.

> *»Am Abend dieses Tages sprach ich ihn zum letztenmal. Er saß auf dem Sofa und klagte über intermittierendes Herzklopfen, während seiner Stimme nichts von der gewohnten Stärke fehlte. Er las in d'Israelis ›Curiosities of Literature‹, die ihm eine leichte Unterhaltung gewährten, und hatte die Stelle aufgeschlagen, welche von den Autoren handelt, die von ihren Verlegern zugrunde gerichtet wurden. ›Dazu hätten sie mich auch beinahe gebracht‹, sagte er lächelnd ... Unter solchen Betrachtungen war er wärmer und weicher geworden, als ich ihn jemals gesehen hatte.«*
>
> Wilhelm Gwinner, »Arthur Schopenhauer aus persönlichem Umgang dargestellt«, herausgegeben von Charlotte von Gwinner, Frankfurt: Dr. Waldemar Kramer 1963

Merkwürdig in diesem Zusammenhang, daß gerade ausgesprochene Einzelgänger später dann die Gruppenbildung anregen. Das heißt, so merkwürdig ist das gar nicht: Gerade die Hinwendung zum solange Verkannten bringt die Teilnahme als *unio mystica* an der auserlesenen Schar, die sich am Feldzeichen des auserwählten Einzelgängers erkennt – so ist die Schopenhauer-Gesellschaft die größte philosophische Vereinigung auf der Welt.

Als ich – und das Jahr war mit Bedacht gewählt – 1968 der Schopenhauer-Gesellschaft beitrat, mit dem festen Vorsatz, dem ich bis heute getreu geblieben bin, niemals eine ihrer Veranstaltungen zu besuchen oder mich je in ihre Händel zu mischen, so ausschließlich deshalb, um möglichst einfach an die einschlägige Literatur heranzukommen. Zu der Zeit war die Schopenhauer-Gesellschaft eine im eigenen Saft köchelnde Sekte, Schopenhauer selbst aus der zählenden Öffentlichkeit nicht nur verschwunden, sondern als letzter Reaktionär überhaupt nicht diskussionsfähig. Als unsere Generation wg. Vietnam und dem Muff von tausend Jahren mit der Polizei Straßensport betrieb, an dessen Teilnahme mich eine psycho-physische Blockade hinderte, da versuchte ich die mir durchaus einleuchtenden und sympathischen politischen Vorstellungen mit Hilfe der *Welt als Wille und Vorstellung* vor allzu großen Erwartungen behutsam zurechtzurücken – zunächst ganz vergebens; im Verlauf der zunehmenden Einsicht in die Begrenzungen der Veränderbarkeit der Verhältnisse, mit zunehmender Anteilnahme.

Zu dieser Zeit begann die Hochzeit der Taschenbuch-Werkausgaben, mit Brecht hub sie an, dann folgte die Kassettenabfüllung der einschlägigen Vordenker von Hegel bis Habermas. Inzwischen war ich selbst in einem Verlag tätig, der 1970 seine eigene Taschenbuchreihe startete, allerdings in ganz anderen Fächern dominierte und brillierte, und versuchte nun von dieser Insider-Position einen passenden Taschenbuch-Verlag zu einer Schopenhauer-Ausgabe zu animieren, wieder nicht nur ohne Erfolg; mich tönt noch heute das Schnauben des Unmuts ob dieses aberwitzig-abwegigen Ansinnens an.

Die bibliographische Schopenhauer-Lage war die: Nach dem Krieg lagen zwei Werkausgaben vor: Die sogenannte historisch-kritische von Arthur Hübscher, die eine verbesserte Nachfolge der Edition Frauenstädt angetreten hatte und in den Jahren 1937–1941 in 7 Bänden erschienen war, ein zweifellos verdienstvolles Nachschlagewerk, aber praktisch unlesbar, die ganze Aufmachung und Gestaltung riecht nach der großen Zeit ihrer Entstehung, als das Buch noch

»Schwert des Geistes« genannt wurde: großformatige brettige Bände mit einer Art steifem Kaffeefilterpapier und gotischen Lettern.

Daneben war in der seltsamen Kombination einer Verlagsgemeinschaft Cotta-Insel 1960–1965 eine vollständige Neuedition von Wolfgang v. Löhneysen erschienen, die sich in der Anordnung immerhin mehr an Schopenhauers letzten Willen anschloß, denn die Brockhaus-Ausgabe, allerdings Orthographie und Interpunktion Schopenhauers radikal modernisiert, also auf heutigen Duden-Stand gebracht hat. Das kann man als Verlust verbuchen, gerade im Fall Schopenhauer mit seiner eigenen Schreibweise, die bereits damals als eigenwillig empfunden wurde, mit seinem »Lerm« der »Italiäner« und der »etwanigen Säligkeit«, die als »ächtes« Werk in die »Litterärgeschichte« »eingieng«, abgesehen vom üblichen »Seyn«, dem »Thür und Thor« offen stund; dann die eigenen Betonungsgesetzen folgende Groß- und Kleinschreibung; besonders bitter ist die Begradigung der Interpunktion, die bei Schopenhauer einer genau rhythmisierenden Gliederung folgt.

Ansonsten kann ich der offiziellen Entrüstung nicht beitreten, und solange eine Schopenhauer-Ausgabe im Originalton zu haben ist, wieso nicht eine Neufassung als Variante, als Einstieg für Anfänger und andere gelten lassen. Goethes Werke sind nur noch in vollzogener Rechtschreibreform zu haben.

Auch Insel wollte seinerzeit, ich hüpfe zurück in die späten Sechziger Jahre, von einer Schopenhauer-Taschenbuchausgabe nichts wissen. Nachdem nun keiner der eigentlich zuständigen Verlage anbeißen mochte, als sich schließlich meine Stellung im Verlag festigte, als es zu Gesprächen mit Arthur und Frau Angelika Hübscher kam, da war der Weg zur Zürcher Ausgabe frei, die 1977 bei Diogenes unterkam. Daß von dieser zehnbändigen Ausgabe, der ich noch ein Bändchen *Über Arthur Schopenhauer* beigegeben hatte, innerhalb eines Jahres 30 000 Exemplare weggingen, hat mich aus verschiedenen Gründen erfreut und befriedigt, und die Tatsache dieses Erfolges hat dann in der Folge viele Verlage ermutigt: offensichtlich war mit Schopenhauer doch ein Geschäft zu machen.

Letzte Frage: Warum jetzt noch eine Schopenhauer-Ausgabe? Darum: Ich kann die brauchbare Diogenes-Ausgabe, an der ich weiß Gott nicht unschuldig bin, nicht ohne Ärger zur Hand nehmen, und das hat zu einer grundsätzlichen Aversion gegen alle belehrenden Dreingaben und Besserwissereien von Editoren-Herausgebern-Mitmischern-Wichtigtuern aller Art geführt.

Das war nämlich damals bei den Vorgesprächen im Hause Hübscher so: Mit dem alten Hübscher, dessen Verdienste zu leugnen ich nicht gesonnen bin, kam man ohne viel Fackelei zu Schlag. Wir waren uns einig, daß die Taschenbücher den integralen Schopenhauer-Text (außer der Farbenlehre) in der Orthographie und Interpunktion Schopenhauers bringen sollten, damit die Ausgabe auch als Studienausgabe zitierfähig wäre. Frau Angelika wollte einen radikal modernisierten Text, aber den gab's ja schon in Gestalt der von den Hübschers lautstark perhorreszierten Cotta-Insel-Edition. Aber man einigte sich darauf, von der Löhneysen-Ausgabe das Verfahren zu übernehmen, wonach die Übersetzung der zahlreichen fremdsprachigen Zitate in eckigen Klammern gleich in den Text eingearbeitet werden sollte. Übersetzung und Nachweis der Zitate lagen und liegen übrigens im Band 7 der Brockhaus-Ausgabe vor. Mit dieser Arbeit war Frau Angelika Hübscher dann ein Jahr befaßt. Zwischendurch kam die Mitteilung, auch bei obsoleten oder heute anders verwendeten Fremdwörtern werde nach gleichem Muster verfahren, also eine Übersetzung in eckigen Klammern an- und eingefügt.

Und dann kam das Manuskript, es war der Gipfel des Grauens; es war jedes, aber auch jedes Fremdwort nicht nur übersetzt, auch noch *so* übersetzt: Phänomen = Erscheinung war noch eine der brillantesten Lösungen; da fanden sich: foetor Judaicus = Knoblauchgeruch; Vaudeville = Singspiel; Quintessenz = Duftauszug; Sublimation = Vergasung; Liebhabern von Beispielen sei das kleine Nachwort zur dritten Auflage des Taschenbuchs.

So wuchs der Wunsch nach einem reinen eigenen Schopenhauer, ein Text mit nichts als seinen eigenen Worten. Und mit diesem kam Ludger Lütkehaus, der uns darüber aufklärt, daß seit dem Tode Schopenhauers sämtliche Schopenhauer-Ausgaben, ob Werk- oder Einzel-, Textfassungen anbieten, die samt und sonders vom jeweiligen Gusto des jeweiligen Schopenhauer-Herausgebers abhängen. Schopenhauer hat nach jeder Auflage eines seiner Werke, und die Nachauflagen häuften sich erst in den letzten Lebensjahren, sich ein mit Papier durchschossenes Handexemplar fertigen lassen, in das er sogleich Verbesserungen, meist Zusätze und Ergänzungen, eintrug, um bei einer fällig werdenden Neuauflage vorbereitet zu sein. Welche von diesen Eintragungen Schopenhauer aber nun wirklich in die nächste Auflage übernommen hätte, das weiß man nicht, und die Zweifel sollten besonders dadurch vermehrt werden, als die Exempel von einem so hergerichteten Handexemplar von einer zweiten noch zu Lebzeiten erschienenen dritten Auflage vorliegen: manches hat er übernommen, manches hat er nicht übernommen, und er hat eingefügt, was auch vorher nicht im Handexemplar stand. Aus dem Steinbruch dieser Handexemplare meißelt nun jeder Herausgeber seinen Schopenhauer und vermeint natürlich in besonderem Maße den heimlich wirklichen wahren letzten Willen des Meisters ergründet zu haben und zu vollstrecken. Das fing mit Freund Frauenstädt an, setzte sich mit Paul Deussen fort, der in Schopenhauer den allerchristlichsten Philosophen sah und diesen entsprechend zurichtete, und das ist eben mit den Flurbereinigungen des Freiherrn von Löhneysen keineswegs zu Ende. So wuchs eine Werkausgabe, die den Text so bringt, wie ihn Schopenhauer hinterlassen hat, in den zu seinen Lebzeiten von ihm selbst imprimierten letzten Druckfassungen. Der blanke Text. Ohne Kommentar und Vorwort und Nachwort und Zwischenwort und Einschiebsel. Was immer an Lesehilfen zu geben ist, Übersetzung und Nachweis der Zitate, Querverweise, Sach- und Namenregister, ist Sache eines eigenen Beibuchs. Diese Ausgabe liegt nun vor. Bitte mal reinschauen. Mehr möchte ich zu Schopenhauer eigentlich nicht mehr sagen.

Zuerst im ›Merkur‹, Februar 1988

SCHLUSSBEMERKUNG

»Sein Werk ist eine einzige Revolte im Zeichen des aufrechten Ganges gegen den Geist der Affirmation: gegen jede positive Philosophie dessen, was nun einmal ist und herrscht. Dieser unerhörte Akt metaphysischer Zivilcourage, der ein für alle Mal damit aufräumt, das Sein wäre mit dem Guten zu verwechseln, ist die einzigarige, epochenmachende Leistung Schopenhauers.«

Ludger Lütkehaus

Und so soll das auch bleiben. Was immer ich über Schopenhauer gesagt habe und und noch sagen möchte, hat nie beansprucht, im Sinne der Forschung, Wissenschaft und Lehre Neues mitzuteilen, sondern wollte und will ganz allein für seine Werke werben, möchte zur Schopenhauer-Lektüre anregen, verführen, wenn möglich begeistern.

Dies geschah zuerst in einem Fernsehfilm, den der SWF im November 1975 im Rahmen des »Literaturmagazins« gesendet, in dem Jürgen Lodemann als fragender Reporter Schopenhauer in Gestalt von Gert Westphal, im Park von Baden-Baden über das Leben, die Kunst, die Liebe und die Philosophie befragt.

Und soll zuletzt in einem Hörbuch geschehen: *Wo ist eine Eitelkeit, die ich nicht gekränkt hätte? – Eine Revue über Leben, Werk und Wirkung des aufgeklärten Pessimisten und Meisters der Lebenskunst.* Zweitausendeins 2007.

Die Neuedition der von Ludger Lütkehaus herausgegebenen Schopenhauer Werkausgabe in 5 Bänden, nebst einem Beibuch, 2006 bei Zweitausendeins, folgt der Ausgabe im Haffmans Verlag von 1988, so wie dieses EinLeseBuch, mit Zitaten ausschließlich aus dem Handschriftlichen Nachlaß, eine Wiederauferstehung des *Schopenhauer Nachschlag-Werks* aus dem Jahr 1989 ist.

Zürich, am 22. Februar 2006 G. H.

CHRONIK

1788 Staatsbankrott in Frankreich
Preußisches Zensuredikt
Die Verfassung der USA tritt in Kraft
Australien wird mit englischen Sträflingen besiedelt
† Georg Johann Hamann
* Lord George Byron
* Joseph Freiherr v. Eichendorff
* Friedrich Rückert
Kant, *Kritik der praktischen Vernunft*
Knigge, *Über den Umgang mit Menschen*
Sieyès, *Was ist der Dritte Stand?*
Goethe, *Egmont*
Mozart, *Jupiter-Symphonie*

1789 Französische Revolution 14. Juli: Sturm auf die Bastille
George Washington erster Präsident der USA

1790 Kant, *Kritik der Urteilskraft*
Moritz, *Anton Reiser*

1791 † Wolfgang Amadeus Mozart
*Franz Grillparzer
Herder, *Ideen zur Philosophie der Geschichte der Menschheit*
Boswell, *Das Leben Samuel Johnsons*
Klinger, *Fausts Leben, Taten und Höllenfahrt*
Mozart, *Die Zauberflöte*

1792 Frankreich wird Republik
»Septembermorde« unter Justizminister Danton
Erster Koalitionskrieg 92–97: Österreich, Preußen und England gegen Frankreich, 20. September Kanonade von Valmy: Rückzug der preußischen Armee unter dem Herzog von Braunschweig
* Percy Bysshe Shelley
* Gioachino Rossini
Fichte, *Versuch einer Kritik aller Offenbarung*
Mary Wollstonecraft, *Die Verteidigung der Rechte der Frau*
Schulze, Aenesidemus

1793 Hinrichtung Ludwigs XVI. Ermordung des Jean Paul Marat
»Terror der Tugend« unter Robespierre

CHRONIK

1788 am 22. Februar wird Arthur Schopenhauer in Danzig, Heiligengeistgasse 114, geboren.
Vater: Großkaufmann Heinrich Floris Schopenhauer.
Mutter: Johanna Henriette, geborene Trosiener,
Wappenspruch der Familie: »Point de bonheur sans liberté« – »Keine Ehre ohne Freiheit«.

1793 Als Danzig preußisch wird, übersiedelt der Republikaner Heinrich Floris Schopenhauer unter Vermögensverlusten

Zweite Teilung Polens durch Rußland und Preußen: Danzig wird preußisch
Kant, *Die Religion innerhalb der Grenzen der bloßen Vernunft*
Schiller, *Über die ästhetische Erziehung des Menschen*

1794 Hinrichtung Dantons
Hinrichtung Robespierres
† Gottfried August Bürger
* Julius Schnorr von Carolsfeld
Haydn, *Militär-Symphonie*

1795 Direktorium in Frankreich
* Thomas Carlyle
* Leopold von Ranke
Kant, *Zum ewigen Frieden*
Marquis de Sade, *Die Philosophie des Boudoirs*

1796 Jean Paul, *Siebenkäs*
Theorie des Planetensystems (Laplace)
Pockenschutzimpfung (Jenne)
Steindruck (Sennefelder)

1797 * Heinrich Heine
* Annette von Droste-Hülshoff
* Jeremias Gotthelf
Schelling, *Ideen zu einer Philosophie der Natur*
Wilhelm Heinrich Wackenroder, *Herzensergießungen eines kunstliebenden Klosterbruders*
Goethe, *Wilhelm Meisters Lehrjahre*
Tieck, *Der gestiefelte Kater*
Hölderlin, *Hyperion*
Haydn, *Kaiser-Quartett*

1798 † Giacomo Casanova
* Giacomo Leopardi
Novalis, *Fragmente*
F. Schlegel, *Lucinde*
Hufeland, *Makrobiotik oder Die Kunst, sein Leben zu verlängern*

1799 Zweiter Koalitionskrieg
Staatsstreich Napoleon Bonapartes
† Georg Christoph Lichtenberg
* Honoré de Balzac
Herder, *Metakritik zur Kritik der reinen Vernunft*
Schelling, *Naturphilosophie*

nach der Freien und Hansestadt Hamburg. Niederlassung als Ausländer im Haus Neuer Wandrahm 92. Prominente Gäste werden Klopstock, Wilhelm Tischbein, Dr. Reimarus, Lord Nelson und Lady Hamilton.

1797 Am 12. Juni Geburt der Schwester Louise Adelaide (Adele). Arthur wird zu einem Geschäftsfreund nach Le Havre geschickt, wo er über zwei Jahre bleibt und so gründlich Französisch lernt, daß er darüber das Deutsche fast verlernt.

1799 Eintritt in *Runge's Privatinstitut*, eine Schule für künftige Kaufleute; Erziehung im pietistisch-aufgeklärten Geist.

Fichte, *Über den Grund unseres Glaubens an eine göttliche Weltregierung*
Schleiermacher, *Über die Religion, Reden an die Gebildeten unter ihren Verächtern*
Beethoven, *1. Symphonie*

1800 Voltasche Säule (Volta)
Schelling, *System des transcendentalen Idealismus*
Fichte, *Die Bestimmung des Menschen*
Novalis, *Hymnen an die Nacht*
Schiller, *Maria Stuart*
Jean Paul, *Titan*

1801 † Novalis
† Daniel Chodowiecki
* Johann Nepomuk Nestroy
* Christian Dietrich Grabbe
* Albert Lortzing
Kotzebue, *Die deutschen Kleinstädter*
Francisco Goya, *Die nackte Maya*
Pestalozzi, *Wie Gertrud ihre Kinder lehrt. Ein Versuch, den Müttern Anleitung zu geben, ihre Kinder selbst zu unterrichten*

1802 * Nikolaus Lenau
* Wilhelm Hauff
* Alexandre Dumas, père
* Victor Hugo
Chateaubriand, *Der Geist des Christentums*
Novalis, *Heinrich von Ofterdingen*

1803 Reichsdeputationshauptschluß: Ende der Selbständigkeit der Bistümer und vieler Freier Reichsstädte
Atomtheorie (Dalton)
† Herder
† Klopstock
* Ralph Waldo Emerson
Johann Peter Hebel, *Alemannische Gedichte*

1804 Napoleon I., Kaiser der Franzosen
Einführung des »Code Napoléon« im französischen Machtbereich: Grundlage des Bürgerlichen Gesetzbuches, das persönliche Freiheit und Rechtsgleichheit garantiert

1800 Dreimonatige Reise, von Hamburg nach Karlsbad und von dort nach Prag.

1803 Der Vater stellt den Sohn, der aufs Gymnasium und studieren will, vor die Wahl: Schulbesuch oder zweijährige Vergnügungsreise durch Holland, England, Frankreich und die Schweiz. Arthur entscheidet sich für die Reise. Abreise im Mai nach Holland; von Holland nach England; sechsmonatiger Aufenthalt in der Pension des Reverend Lancaster in Wimbledon, zur Erlernung der englischen Sprache. Ein Monat mit den Eltern in London. Im Herbst Weiterfahrt nach Frankreich.

1804 Über Orleans und Bordeaux nach Südfrankreich. Beim Anblick der Galeerensträflinge in Toulon: »Ohne alle gelehrte Schulbildung wurde ich vom Jammer des Lebens ergriffen.« Sommer in der Schweiz; von Wien nach Dresden, nach

† Kant
* Ludwig Feuerbach
* Eduard Mörike
* George Sand
* Moritz von Schwind
Jean Paul, *Vorschule der Ästhetik*
Schiller, *Wilhelm Tell*

1805 Dritter Koalitionskrieg: England, Rußland, Österreich und Schweden gegen Frankreich. Sieg Napoleons in der »Drei-Kaiser-Schlacht« bei Austerlitz. Einzug in Wien. Sieg und Tod Admiral Nelsons in der Seeschlacht bei Trafalgar. Vernichtung der französischen Flotte
† Friedrich Schiller
* Adalbert Stifter

1806 Vierter Koalitionskrieg: vernichtende Niederlage Preußens in den Schlachten bei Jena und Auerstädt. Napoleon in Berlin. Rheinbund: deutsche Fürsten unter Napoleons Protektorat erklären ihre Souveränität. Kaiser Franz II. von Österreich legt die Kaiserkrone nieder: Ende des Heiligen Römischen Reiches Deutscher Nation.
Arnim und Brentano, *Des Knaben Wunderhorn*

1807 Friede von Tilsit. Preußische Reformpolitik durch den Reichsfreiherrn vom Stein: Städtische Selbstverwaltung. Ende der Erbuntertänigkeit.
Königreich Westfalen unter Jérôme Napoleon
Paine, *Das Zeitalter der Vernunft*
Werner, *Weihe der Kraft*
Hegel, *Phänomenologie des Geistes*
Fichte, *Reden an die deutsche Nation*

1808 Fürstentag in Erfurt: Bündnis Napoleons mit Zar Alexander I.
Audienz Goethes bei Napoleon
* Honoré Daumier
* Carl Spitzweg
Goethe, *Faust* I
F. Schlegel, *Sprache und Weisheit der Inder*
Kleist, *Der zerbrochene Krug*
J.v. Müller, *Die Geschichte der Schweizerischen Eidgenossenschaft*
Beethoven, *5. Symphonie*

Berlin; am 25. August Konfirmation in Danzig; im Dezember Rückkehr nach Hamburg: »Dieser Bildungsgang hat mich frühzeitig daran gewöhnt, mich nicht mit den bloßen Namen der Dinge zufrieden zu geben, sondern die Betrachtung und Untersuchung der Dinge selbst und ihre aus der Anschauung erwachsende Erkenntnis dem Wortschalle entschieden vorzuziehen, weshalb ich später nie Gefahr lief, Worte für Dinge zu nehmen.«
Beginn einer Kaufmannslehre bei Jakob Kabrun in Danzig.

1805 Im Januar Fortsetzung der Kaufmannslehre bei Senator Martin Jenisch: »Nie hat es einen schlechteren Handlungsbeflissenen gegeben als mich.«
Am 20. April Tod des Vaters, vermutlich Selbstmord.

1806 Im September übersiedelt die Mutter mit ihrer Tochter nach Weimar, wo sie einen literarischen Theetisch und später eine populäre Romanschriftstellerei betreibt. Zu ihren Gästen zählen Goethe, Zacharias Werner, Wieland, Heinrich Meyer, Friedrich Majer, Riemer und Karl Ludwig Fernow, der ein Gutachten erstellt, daß es für eine Gelehrtenlaufbahn des Sohnes noch nicht zu spät sei.

1807 Private Gymnasialausbildung zunächst in Gotha (Juni), dann in Weimar (Dezember). Autodidaktische Studien und Lektüre. Teilnahme an den Gesellschaften der Mutter.

1809 Reform des preußischen Schulsystems durch Wilhelm v. Humboldt. Aufstand der Tiroler, Andreas Hofer hingerichtet
Elektrischer Telegraph (Soemmring)
* Charles Darwin
* Nikolai Gogol
* Edgar Allan Poe
Goya, *Die Erschießung spanischer Freiheitskämpfer*
Goethe, *Die Wahlverwandtschaften*

1810 Gründung der Universität Berlin.
Napoleon heiratet Marie Luise, Tochter Franz' II. von Österreich
Buchdruckerschnellpresse (König)
* Robert Schumann
* Frédéric Chopin
Kleist, *Michael Kohlhaas*
Goethe, *Zur Farbenlehre*
Johanna Schopenhauer, *Carl Ludwig Fernows Leben*
Germaine de Staël, *Über Deutschland*

1811 * Franz Liszt
* Carl Gutzkow
† Heinrich v. Kleist
Goethe, *Dichtung und Wahrheit*
Fouqué, *Undine*
Hebel, *Schatzkästlein des rheinischen Hausfreundes*
Molekulartheorie (Avogadro)

1812 * Iwan Gontscharow
* Charles Dickens
Heeresreform in Preußen durch Scharnhorst und Gneisenau
Judenemanzipation in Preußen
Napoleons Rußlandfeldzug
Brüder Grimm, *Kinder- und Hausmärchen*

1813 Aufruf des preußischen Königs »An mein Volk«,
Stiftung des Eisernen Kreuzes
Rußland, Preußen, England, Österreich und Schweden gegen Napoleon; 16.–19. Oktober Völkerschlacht bei Leipzig (über 100 000 Tote und Verwundete)
† Christoph Martin Wieland
* Sören Kierkegaard

1809 Nach erlangter Volljährigkeit zahlt ihm die Mutter 19000 Taler aus: ein Drittel des geschrumpften väterlichen Vermögens. Am 9. Oktober Immatrikulation als Student der Medizin in Göttingen. Hört Chemie, Physik, Botanik, Anatomie, Physiologie, Ethnographie und Geschichte der Kreuzzüge.

1810 Im zweiten Semester Studium der Philosophie bei Gottlob Ernst Schulze, der zum Studium der Werke Platons und Kants rät, von Aristoteles und Spinoza abrät.

1811 Während eines Ferienaufenthalts in Weimar Besuch bei Wieland, der meint, Philosophie sei kein solides Fach. Schopenhauer: »Das Leben ist eine mißliche Sache: ich habe mir vorgesetzt, es damit hinzubringen, über dasselbe nachzudenken.«
Im Herbst Studium an der Universität Berlin, u. a. bei Fichte und Schleiermacher. Hört außerdem Ornithologie, Amphibiologie, Ichthyologie, Zoologie, Geognosie, Astronomie, Physiologie und Poesie.

1812 Freundschaft mit Ferdinand Helmholtz, dem Vater des berühmten Physikers.

1813 Wegen der Kriegswirren Abbruch des Studiums in Berlin. In Rudolstadt Niederschrift der Dissertation, für die er von der Universität Jena am 18. Oktober *in absentia* zum Doktor der Philosophie promoviert wird.
Über die vierfache Wurzel des Satzes vom zureichenden Grunde erscheint in einer Auflage von 500 Exemplaren. Das Werk veranlaßt Goethe, Schopenhauer einzuladen, »seine Farben-

* Richard Wagner
* Giuseppe Verdi
* Friedrich Hebbel
* Georg Büchner
Baader, *Begründung der Ethik durch die Physik*
Fichte, *Staatslehre*

1814 Einmarsch der Verbündeten in Frankreich. Abdankung Napoleons, der die Insel Elba als selbständiges Fürstentum erhält
Erster Pariser Friede
Rückkehr der Bourbonen: Ludwig XVIII. König von Frankreich
Wiener Kongreß: Europäische Restauration
† Fichte
Chamisso, *Peter Schlemihls wundersame Reise*
E.T.A. Hoffmann, *Phantasiestück in Callot's Manier*
Fouqué, *Der Zauberring*
Erste Lokomotive (Stephenson)

1815 Napoleon und die 100 Tage; Sieg Wellingtons und Blüchers in der Schlacht bei Waterloo. Verbannung Napoleons nach St. Helena. Zweiter Pariser Friede
Schlußakte des Wiener Kongresses: Gleichgewicht der fünf Großmächte Großbritannien, Rußland, Frankreich, Österreich und Preußen
Deutscher Bund: 39 souveräne Staaten sind im Deutschen Bundestag zu Frankfurt am Main unter dem Vorsitz Österreichs vertreten
Heilige Allianz der Monarchen: Bund von Thron und Altar gegen alle liberalen Bestrebungen
Gründung der Deutschen Burschenschaft für innere Freiheit und nationale Einheit
† Matthias Claudius
* Otto von Bismarck
E.T.A. Hoffmann, *Die Elixiere des Teufels*
Eichendorff, *Ahnung und Gegenwart*

1816 Erste deutsche Verfassung durch Großherzog Karl August von Sachsen-Weimar
Tieck, *Phantasus*
* Gustav Freytag

lehre zu studieren«. Nach beendigtem Kursus notiert Goethe: »Trüge gern noch länger des Lehrers Bürden, / Wenn Schüler nicht gleich Lehrer würden.«

1814 Zerwürfnis mit der Mutter in Weimar.
Übersiedlung nach Dresden. Niederschrift aphoristischer Notizen: Bausteine zur *Welt als Wille und Vorstellung.*

1815 Brief an Goethe: »Der Mut keine Frage auf dem Herzen zu behalten ist es der den Philosophen macht.«

1816 *Über das Sehn und die Farben* erscheint, nachdem sich Schopenhauer lange vergeblich um ein zustimmendes Urteil Goethes bemüht hat. Ludwig Sigismund Ruhl malt das Porträt des 34jährigen, dem die Dresdner Freunde den Spitznamen »Jupiter tonans« gegeben haben.

1817 Wartburgfest der Deutschen Burschenschaft
* Henry David Thoreau
* Theodor Storm
Byron, *Manfred*
E.T.A. Hoffmann, *Nachtstücke*

1818 Ende der preußischen Reformen, Friedrich Wilhelm III. entläßt Wilhelm von Humboldt
* Karl Marx
* Jacob Burckhardt
* Iwan Turgenjew
Hegel, *Enzyklopädie der philosophischen Wissenschaft im Grundriß*
Herbart, *Einleitung in die Philosophie*
Grillparzer, *Sappho*

1819 Kotzebue ermordet, darauf Karlsbader Beschlüsse zur »Demagogenverfolgung«: Verbot der Burschenschaften, des Turnens, aller liberalen und demokratischen Schriften, Überwachung der Presse und Universitäten
* Theodor Fontane
* Gottfried Keller
* Walt Whitman
* Jacques Offenbach
Walter Scott, *Ivanhoe*
Goethe, *West-östlicher Divan*
Byron, *Don Juan*
Jacob Grimm, *Deutsche Grammatik*

1820 * Friedrich Engels
E.T.A. Hoffmann, *Lebensansichten des Katers Murr*

1821 Freiheitskrieg der Griechen gegen die türkische Herrschaft
† Napoleon
† E.T.A. Hoffmann
* Charles Baudelaire
* Gustave Flaubert
* Fjodor Dostojewskij

1822 Thomas de Quincey, *Bekenntnisse eines englischen Opiumessers*

1818 Angebot an Brockhaus, den Verlag für »eine im höchsten Grade zusammenhängende Gedankenreihe, die bisher noch nie in irgendeines Menschen Kopf gekommen«, zu übernehmen. *Die Welt als Wille und Vorstellung* erscheint bei Brockhaus mit der Jahreszahl 1819. Reise nach Italien: Venedig, Bologna, Florenz. Winteraufenthalt in Rom.

1819 Im April nach Neapel, Venedig, Mailand.
Im August wieder in Dresden. Besuch bei Goethe: »Ein Besuch Dr. Schopenhauer's, eines meist verkannten, aber auch schwer zu kennenden, verdienstvollen jungen Mannes, regte mich an und gedieh zur wechselseitigen Belehrung.«
Geschicktes Taktieren und glanzvolle Briefe retten sein Vermögen beim Zusammenbruch des Danziger Handelshauses Muhl.
Bewerbung um eine Dozentur in Heidelberg, Göttingen oder Berlin.
Am 31. Dezember reicht er sein Habilitationsgesuch bei der Universität Berlin ein.

1820 Im Januar Zulassung zum Colloquium.
Am 23. März Probevorlesung vor der philosophischen Fakultät unter dem Vorsitz Hegels.
Im Sommersemester die erste und einzige Vorlesung über *Die gesamte Philosophie d. i. Die Lehre vom Wesen der Welt und von dem menschlichen Geiste.*

1821 Beziehung zu Caroline Richter, genannt Medon, Choristin an der Berliner Oper.
Wohnung in der Niederlagstraße 4, Berlin.

1822 Zweite italienische Reise. Im August in Mailand, vom September bis

Stendhal, *Über die Liebe*
Byron, *Kain*

1823 Monroe-Doktrin ›Amerika den Amerikanern‹: gegen die Einmischung europäischer Staaten in südamerikanische Befreiungskriege
† Friedrich Arnold Brockhaus
Beethoven, *9. Symphonie*

1824 Anerkennung des Gewerkschafts- und Streikrechts in England
† Lord Byron
Heine, *Die Harzreise*
Leopardi, *Canzoni*

1825 Erstes Dampfschiff auf dem Rhein
Gründung des Börsenvereins des deutschen Buchhandels zu Leipzig
† Jean Paul
* Conrad Ferdinand Meyer
Jean Paul, *Kleine Nachschule zur Vorschule der Ästhetik*
Alessandro Manzoni, *Die Verlobten*

1826 † Johannes Peter Hebel
Eichendorff, *Aus dem Leben eines Taugenichts*
Wilhelm Hauff, *Lichtenstein*

1827 † Beethoven
* Charles de Coster
Heine, *Buch der Lieder*
Grabbe, *Scherz, Satire, Ironie und tiefere Bedeutung*

1828 † Schubert
† Goya
* Henrik Ibsen
* Leo Tolstoi
* Jules Verne

1829 Katholikenemanzipation in Groß-Britannien
† Friedrich Schlegel
† Wilhelm Tischbein

1823 Mai in Florenz. »Ich war so gesellig wie lange nicht.« Und: »Sehn u. Erfahren ist so nöthig als Lesen u. Lernen.« Rückkehr über Trient nach München. Schwere Krankheit und Depression.

1824 Nach Kuraufenthalt in Bad Gastein noch einmal für 8 Monate in Dresden. Übersetzungspläne, Humes *Natural History* und Sternes *Tristram Shandy* werden erwogen und fallengelassen, weil kein Verleger sich dafür interessiert.
Jean Paul erwähnt *Die Welt als Wille und Vorstellung* in der *kleinen Nachschule.*
Bekanntschaft mit Ludwig Tieck, dem er in einer Diskussion zuruft: »Was? Sie brauchen einen Gott?«

1825 Rückkehr nach Berlin; Prozeß-Ärger, weil er eine Näherin aus seinem Vorzimmer geworfen hat.

1826 Vom Wintersemester bis zum Wintersemester 1831 steht Schopenhauers Name im Vorlesungsverzeichnis, ohne daß noch eine Vorlesung zustande kommt.
Bekanntschaft mit Alexander von Humboldt und Adelbert von Chamisso, der rät, Schopenhauer möge den Teufel nicht zu schwarz malen, ein gutes Grau sei ausreichend.

Goethe, *Wilhelm Meisters Wanderjahre*
Rossini, *Wilhelm Tell*

1830 Juli-Revolution in Frankreich: Abdankung und Flucht Karls X.
Erste Eisenbahn in England
Stahlfeder (Perry)
Louis Philippe von Orléans wird ›Bürgerkönig‹
Stendhal, *Rot und Schwarz*
A. W. Schlegel, *Indische Bibliothek*

1831 Cholera-Epidemie in Europa
† Hegel
* Wilhelm Raabe
Emigration Heinrich Heines nach Paris
Grabbe, *Napoleon und die 100 Tage*
Grillparzer, *Des Meeres und der Liebe Wellen*
Victor Hugo, *Der Glöckner von Notre Dame*
Balzac, *Die Frau von 30 Jahren*
Delacroix, *Die Freiheit führt das Volk*
Bellini, *Norma*

1832 Parlamentsreform in England
† Goethe
† Walter Scott
* Wilhelm Busch
* Edouard Manet

1833 Aufhebung der Sklaverei im Britischen Empire
* Wilhelm Dilthey
* Johannes Brahms
Gesamtausgabe der Schlegel-Tieckschen Shakespeare-Übersetzung
Laube, *Das junge Europa*
Nestroy, *Lumpazivagabundus*

1834 Deutscher Zollverein: Wirtschaftsgemeinschaft Preußens, Hessens, Sachsens, Württembergs und Bayerns unter preußischer Führung
† Friedrich Schleiermacher
* Edgar Degas
Eichendorff, *Dichter und ihre Gesellen*
Grillparzer, *Der Traum ein Leben*
Ranke, *Die römischen Päpste*

1835 Erste deutsche Eisenbahnlinie: Nürnberg – Fürth
† Wilhelm von Humboldt

1830 *Theoria calorum physiologia,* die lateinische Fassung *Über das Sehn und die Farben* erscheint in den *Scriptores ophthalmologici minores*

1831 Flucht aus Berlin vor der Cholera. Auswanderungspläne nach Schweden oder England.
Probeweise Niederlassung in Frankfurt am Main.

1832 Probeweise Niederlassung in Mannheim. Übersetzung von Balthasar Gracians *Handorakel und Kunst der Weltklugheit.* Wird von Brockhaus abgelehnt und erscheint erst posthum.

1833 Endgültige Niederlassung in Frankfurt, Wohnung an der Schönen Aussicht 17. Systematische Ungeselligkeit; gleichförmige Lebensweise.

D. F. Strauß, *Das Leben Jesu*
Büchner, *Dantons Tod*
Gutzkow, *Wally, die Zweiflerin*
Immermann, *Die Epigonen*
1836 † Grabbe
Johann Peter Eckermann, *Gespräche mit Goethe*
Heine, *Die romantische Schule*
Fritz Reuter zu Festungshaft verurteilt
1837 Thronbesteigung der Queen Victoria
Ende der Personalunion Hannover–England: Aufhebung der liberalen Verfassung in Hannover: Protest und Entlassung der »Göttinger Sieben« (unter ihnen die Brüder Grimm)
† Ludwig Börne
† Georg Büchner
† Leopardi
Lortzing, *Zar und Zimmermann*
1838 † Chamisso
Feuerbach, *Geschichte der neueren Philosophie von Baco bis Spinoza*
Gustav Schwab, *Die schönsten Sagen des klassischen Altertums*

1839 Daguerreotypie (Daguerre)
* Paul Cézanne
Stendhal, *Die Kartause von Parma*
Dickens, *Oliver Twist*
Schumann, *Nachtstücke*
1840 * Emile Zola
Napoleons Leiche im Invalidendom in Paris beigesetzt
Pierre Joseph Proudhon, *Was ist Eigentum?*
Gogol, *Der Mantel*
Poe, *Geschichten der Groteske und Arabeske*
1841 Feuerbach, *Vom Wesen des Christentums*
Carlyle, *Über Helden und Heldenverehrung*
Cooper, *Lederstrumpf*
Gotthelf, *Uli der Knecht*
1842 † Stendhal
Droste-Hülshoff, *Die Judenbuche*

1836 *Über den Willen in der Natur* erscheint.

1837 Briefwechsel mit Rosenkranz, damit die Erste Ausgabe der *Kritik der reinen Vernunft* der neuen Kant-Ausgabe zugrunde gelegt wird.
Die Königlich Norwegische Gesellschaft der Wissenschaften zu Drontheim stellt die Preisaufgabe: »Läßt sich die Freiheit des menschlichen Willens aus dem Selbstbewußtsein beweisen?«

1838 Die Königlich Dänische Societät der Wissenschaften stellt die Preisaufgabe: »Ist die Quelle und Grundlage der Moral zu suchen in einer unmittelbar im Bewußtsein liegenden Idee der Moralität oder aber in einem andern der Erkenntnisgründe?«
Am 17. April stirbt Johanna Schopenhauer, die ihren Sohn dreimal ausdrücklich enterbt hat.

1839 Schopenhauers Preisschrift *Über die Freiheit des Menschlichen Willens* wird durch Verleihung der großen goldenen Medaille zu Drontheim gekrönt.

1840 Schopenhauers Preisschrift *Über die Grundlage der Moral* wird nicht gekrönt. Sie war die einzige Einsendung.

1841 Die beiden Preisschriften erscheinen unter dem Titel *Die beiden Grundprobleme der Ethik.*
Der Berliner Privatgelehrte Dr. Julius Frauenstädt setzt sich öffentlich für Schopenhauer ein.

Gotthelf, *Die schwarze Spinne*
Scribe, *Ein Glas Wasser*
J.R. Mayer, *Gesetz von der Erhaltung der Energie*
1843 Feier: »1000 Jahre Deutsches Reich«
† Hölderlin
Wagner, *Der fliegende Holländer*
1844 Aufstand der Schlesischen Weber
* Friedrich Nietzsche
* Paul Verlaine
Hebbel, *Maria Magdalena*
Heine, *Deutschland, ein Wintermärchen*
1845 Große Hungersnot in Irland
Kierkegaard, *Furcht und Zittern*
Stirner, *Der Einzige und sein Eigentum*
A. v. Humboldt, *Kosmos*
Mérimée, *Carmen*
Wagner, *Tannhäuser*
† August Wilhelm Schlegel
1846 Krieg USA – Mexiko
Freihandel in England
Poe, *Philosophie der Komposition*
Ludwig Richter, *Volksliederbuch*

1847 Wochenbettfieber (Semmelweis)
Hoffmann, *Der Struwwelpeter*
Gutzkow, *Uriel Acosta*
Dickens, *Weihnachtsgeschichten*
1848 Februarrevolution in Frankreich: Louis Napoleon wird Präsident der Zweiten Republik
Märzrevolution in Deutschland: Deutsche Nationalversammlung in der Frankfurter Paulskirche. Aufhebung der Karlsbader Beschlüsse
Neue Bundesverfassung in der Schweiz
Nach dem Skandal um die Tänzerin Lola Montez dankt Ludwig I. von Bayern ab
† Chateaubriand
† Annette v. Droste-Hülshoff
* Paul Gauguin
Marx-Engels, *Das kommunistische Manifest*
Thackeray, *Jahrmarkt der Eitelkeiten*

1844 Nach langen Verhandlungen mit Brockhaus erscheint der zweite Band der *Welt als Wille und Vorstellung*, der erste Band in neuer Auflage, ohne Honorar für den Autor.
Beginn der Arbeit an den *Parerga und Paralipomena.*

1846 Auf eine Anfrage nach dem Absatz seiner Werke antwortet der Verleger Brockhaus: »Ich kann Ihnen zu meinem Bedauern nur sagen, daß ich damit ein schlechtes Geschäft gemacht habe, und die nähere Auseinandersetzung erlassen Sie mir wohl.«
Erster Besuch Frauenstädts.

1847 Die zweite, vermehrte Ausgabe der *Vierfachen Wurzel des Satzes vom zureichenden Grunde* erscheint.

1849 † Edgar Allen Poe
† Frederique Chopin
* August Strindberg
Thoreau, *Über die Pflicht zum Ungehorsam gegen den Staat*
Wagner, *Die Kunst und die Revolution*
1850 Preußische Verfassung
Pendelversuch (Foucault)
Augenspiegel (Helmholtz)
† Honoré de Balzac
* Robert Louis Stevenson
Nathaniel Hawthorne, *Der scharlachrote Buchstabe*
1851 Erste Weltausstellung in London
Bismarck preußischer Gesandter im deutschen Bundestag
Heine, *Romanzero*
Melville, *Moby-Dick*

1852 Staatsstreich in Frankreich: Louis Napoleon als Napoleon III. Kaiser der Franzosen
Erdmann, *Entwicklung der deutschen Spekulation seit Kant*
Jacob und Wilhelm Grimm, *Deutsches Wörterbuch*
Beecher-Stowe, *Onkel Toms Hütte*
* Hans Vaihinger

1853 Krimkrieg Rußland gegenTürkei
Erstes Fahrrad (Fischer)
† Ludwig Tieck
* Vincent van Gogh
Stifter, *Bunte Steine*
Verdi, *La Traviata*
1854 Glühlampe (Göbel)
† Friedrich Schelling
* Oscar Wilde
Theodor Mommsen, *Römische Geschichte*
Thoreau, *Walden oder Leben in den Wäldern*
Keller, *Der grüne Heinrich*

1849 Am 25. August stirbt Adele Schopenhauer in Bonn.

1851 Nach mehrfachen vergeblichen Versuchen, einen Verleger zu finden, erscheinen im November *Parerga und Paralipomena* bei der Buchhandlung A.W. Hayn in Berlin. – »Verdrießlich, aber demütigend nicht: denn eben melden die Zeitungen, daß Lola Montez ihre Memoiren zu schreiben beabsichtige und sogleich englische Buchhändler ihr große Summen geboten hätten. Da wissen wir, woran wir sind.«

1852 Rezensionen der *Parerga* erscheinen u. a. von Gutzkow (»Ein Selbstdenker«). Anerkennung kommt aus England, wo in der ›Westminster and foreign Quarterly Review‹ eine Darstellung unter dem Titel *Iconoclasm in German Philosophy* von John Oxenford er-scheint. Ernst Otto Lindner, außenpolitischer Redakteur der Vossischen Zeitung in Berlin, bringt eine Übersetzung. – Brief an Frauenstädt: »Wo ist eine Eitelkeit, die ich nicht gekränkt hätte?«

1854 Freundschaft mit Wilhelm Gwinner, dem späteren Testamentsvollstrecker und ersten Biographen.
Richard Wagner schickt ein Widmungsexemplar vom Textbuch des *Ring des Nibelungen.*
Die zweite Auflage *Über den Willen in der Natur* erscheint.
Frauenstädt veröffentlicht *Briefe über die Schopenhauersche Philosophie.*

1855 Aufhebung der Leibeigenschaft in Rußland unter Zar Alexander II.
Hermann Helmholtz, *Über das Sehen des Menschen*
L. Büchner, *Kraft und Stoff*
Mörike, *Mozart auf der Reise nach Prag*
Freytag, *Soll und Haben*
† Sören Kierkegaard

1856 † Heinrich Heine
* Sigmund Freud
* G. B. Shaw
Busch, *Max und Moritz*

1857 † Joseph v. Eichendorff
* Joseph Conrad
Flaubert, *Madame Bovary*
Baudelaire, *Die Blumen des Bösen*
Stifter, *Der Nachsommer*

1858 Unterseekabel Dover–Calais
* Heinrich Zille

1859 * Henri Bergson
* Knut Hamsun
Darwin, *Die Entstehung der Arten*
Spektralanalyse (Bunsen)
Gontscharow, *Oblomov*
Fritz Reuter, *Ut de Franzosentid*

1860 Italienischer Einigungskrieg unter Garibaldi
Abraham Lincoln amerikanischer Präsident
* Anton Tschechow
*Gustav Mahler
Burckhardt, *Die Kultur der Renaissance in Italien*

1855 Der französische Künstler Julius Lunteschütz malt das erste von mehreren Schopenhauer-Porträts.

1856 Die Universität Leipzig stellt die Preisaufgabe: *Darlegung und Kritik der Schopenhauerschen Philosophie.* De Sanctis veröffentlicht *Schopenhauer e Leopardi.*

1857 Erste Vorlesungen über Schopenhauer in Bonn und Breslau. Hebbel besucht Schopenhauer.

1858 Mitteilung von Brockhaus, daß die zweite Auflage des Hauptwerkes vergriffen ist.
Schopenhauers 70. Geburtstag wird festlich gefeiert. Der Gutsbesitzer Wiesike, ein Freund Fontanes, schickt einen Silberpokal.

1859 Die dritte Auflage der *Welt als Wille und Vorstellung* erscheint.
Letzter Umzug: ins Nachbarhaus Schöne Aussicht 16.
Elisabet Ney gestaltet die Schopenhauer-Büste.

1860 Die zweite Auflage der *Beiden Grundprobleme der Ethik* erscheint.
Am 21. September stirbt Arthur Schopenhauer unerwartet nach kurzer Krankheit in Frankfurt am Main.

ARTHUR SCHOPENHAUER
WERKE
IN 5 BÄNDEN
Erstmals nach den Ausgaben letzter Hand
herausgegeben und vorgestellt von
Ludger Lütkehaus

I.
Schopenhauers letzter editorischer Wille gipfelt in einem Fluch: »Erfüllt mit Indignation über die schändliche Verstümmelung der deutschen Sprache, welche, durch die Hand mehrerer Tausende schlechter Schriftsteller und urtheilsloser Menschen, seit einer Reihe von Jahren, mit ebenso viel Eifer wie Unverstand, methodisch und *con amore*, betrieben wird, sehe ich mich zu folgender Erklärung genöthigt: Meinen Fluch über Jeden, der, bei künftigen Drucken meiner Werke, irgend etwas daran wissentlich ändert, sei es eine Periode, oder auch nur ein Wort, eine Silbe, ein Buchstabe, ein Interpunktionszeichen.«

II.
Von den bisherigen Schopenhauer-Gesamtausgaben haben zwei einen genauen Abdruck der Ausgaben letzter Hand intendiert; keine hat ihn realisiert.

III.
Die hier angezeigte Ausgabe ist die erste und einzige unveränderte Ausgabe der Werke Schopenhauers in den Fassungen und der Anordnung letzter Hand.

»Prooemium in opera omnia.
Ich glaube auf den Ehrentitel eines Oligographen Anspruch zu haben; da diese 5 Bände Alles enthalten, was ich je geschrieben habe, und der ganze Ertrag meines Lebens sind. Die Ursache ist, daß ich der anhaltenden Aufmerksamkeit

meiner Leser durchweg gewiß seyn wollte und daher stets nur dann geschrieben habe, wenn ich etwas zu sagen hatte. Wenn dieser Grundsatz allgemein würde, dürften die Literaturen sehr zusammenschrumpfen.«

Band 1

DIE WELT ALS WILLE UND VORSTELLUNG I

Nach der dritten Auflage, Leipzig 1859.

Band 2

DIE WELT ALS WILLE UND VORSTELLUNG II

Nach der dritten Auflage, Leipzig 1859.

Band 3

KLEINERE SCHRIFTEN

»Über die vierfache Wurzel des Satzes vom zureichenden Grunde«,
nach der zweiten Auflage, Frankfurt a. M. 1847;
»Über den Willen in der Natur«,
nach der zweiten Auflage, Frankfurt a. M. 1854;
»Die beiden Grundprobleme der Ethik:
Über die Freiheit des Willens. Über die Grundlage der Moral«,
nach der zweiten Auflage, Leipzig 1860;
»Über das Sehn und die Farben«,
nach der zweiten Auflage, Leipzig 1854.

Band 4

PARERGA UND PARALIPOMENA I

Nach der ersten Auflage, Berlin 1851.

Band 5

PARERGA UND PARALIPOMENA II

Nach der ersten Auflage, Berlin 1851.

Dazu ein

BEIBUCH

Einleitung zu Schopenhauers Werken
nach den Ausgaben letzter Hand von Ludger Lütkehaus.
Übersetzung und Nachweis der Zitate, Chronik,
Namen- und Sachregister.

Außerdem

Das SCHOPENHAUER EinLeseBuch

Ein ABC aus dem Handschriftlichen Nachlaß
für die Jetztzeit gezogen,
nebst einem Anhang, der die Kritik
der korrupten Vernunft enthält,
herausgegeben
von Gerd Haffmans.

Ein Hörbuch in Vorbereitung

WO IST EINE EITELKEIT, DIE ICH NICHT GEKRÄNKT HÄTTE?

Eine literarische Revue über Leben, Werk
und Wirkung des Philosophen des aufgeklärten
Pessimismus und Meisters der Lebenskunst.
Von und mit
Arthur Schopenhauer
(Harry Rowohlt),
Johanna Schopenhauer
(Katharina Thalbach),
einer Chronistin
(Monika Schärer)
und einigen Zeitgenossen,
Freunden und Feinden
(Gerd Haffmans).

HAFFMANS VERLAG
BEI ZWEITAUSENDEINS

»Einen neuen Weg beschreitet die im Zürcher Haffmans Verlag erschienene Ausgabe der *Werke*. Der Herausgeber Ludger Lütkehaus, ausgewiesener Kenner der Philosophie Schopenhauers, folgt mit peinlicher Genauigkeit der in Form eines Bannfluches formulierten Anweisung Schopenhauers, kein Jota an seinen Schriften zu ändern. Seine Edition bringt sie erstmals nach den Ausgaben letzter Hand in der von Schopenhauer ausdrücklich gewünschten Abfolge. Die Haffmans-Ausgabe empfiehlt sich durch philologische und typographische Sorgfalt.«

Alfred Schmidt, Frankfurter Allgemeine Zeitung

»Die Lütkehaus-Edition bei Haffmans ist aus dem Geist der editorischen Handlungshemmung; sie unterläßt die auf den handschriftlichen Zusätzen basierende Bearbeitung und beläßt den Text so, wie ihn Schopenhauer in der veröffentlichten Fassung letzter Hand autorisiert hinterlassen hat. Schöner Druck, schönes Papier und auf dem Schuber ein noch unbekanntes Schopenhauer-Porträt ... Der Preis? Jeder Band kostet soviel wie ein gutes Essen im Restaurant. Schopenhauer aber hält länger vor.«

Rüdiger Safranski, Die Zeit

»Mit dieser Werkausgabe wäre Schopenhauer selbst sicherlich höchst zufrieden, der Herr Rezensent ist es mit Sicherheit und erlaubt sich mit den Worten des Meisters ein Urteil abzugeben: genial!«

Marco Louis, Internet-Magazin Haruspex